AF140581

ROSIE JOY

Gefangene der Unendlichkeit

Die Philosophie einer Depression

novum pro

Dieses Buch ist auch als
e-book
erhältlich.

www.novumverlag.com

Bibliografische Information
der Deutschen Nationalbibliothek:

Die Deutsche Nationalbibliothek
verzeichnet diese Publikation in
der Deutschen Nationalbibliografie.
Detaillierte bibliografische Daten
sind im Internet über
http://www.d-nb.de abrufbar.

Alle Rechte der Verbreitung,
auch durch Film, Funk und Fernsehen,
fotomechanische Wiedergabe,
Tonträger, elektronische Datenträger
und auszugsweisen Nachdruck,
sind vorbehalten.

Gedruckt in der Europäischen Union
auf umweltfreundlichem, chlor- und
säurefrei gebleichtem Papier.

© 2023 novum Verlag

ISBN 978-3-99131-785-2
Lektorat: Solaire Hauser
Umschlagfoto: Rosie Joy
Umschlaggestaltung, Layout & Satz:
novum Verlag
Innenabbildungen: Rosie Joy

www.novumverlag.com

Climate neutral
Print product
ClimatePartner.com/16547-2201-1002

Inhaltsverzeichnis

1

Gewaltsam monoton

Ein weißer Raum. Hell erleuchtet. Ohne definierbare Lichtquelle, die Helligkeit, welche von jeglicher Fläche reflektiert wird und somit alles enthüllt, steht im kalten, gnadenlosen Schein da. Auch wenn Dunkelheit gebräuchlicher in der Beschreibung dieses Zustandes ist, enthält diese wenigstens eine Art Zuflucht, wenn man sich erst einmal an sie gewöhnt hat. Grausame Albträume können sich in ihr verbergen, die ungesehenen Geräusche, die aus ihr klingen, erwecken sie zum Leben, doch kann man sich zumindest auch dadurch etwas ablenken, von der grausamen Wirklichkeit, vor der man erst in sie geflüchtet ist. Nein, Helligkeit ist, was den Zustand besser darstellt. Doch diese dient nicht dazu, ihre Umgebung erkennbar zu machen, sie blendet mit dem, was ursprünglich zum Sehen verhelfen sollte. Sie schluckt nicht einfach wie die Nacht, sie zieht in sich hinein und lässt einen dabei zusehen, wie der Strudel alles immer weiter in die Tiefe saugt. Sie ist wahrlich gnadenlos, da sie die Fantasie raubt und trotzdem keine klarere Sicht hinterlässt. Und inmitten dieses trostlosen Dilemmas: eine Wand. Ebenso unwirklich wie der Rest und dennoch nicht weniger real. Und in diesem endlosen Grell das Einzige, was wenigstens den Anschein einer Substanz bietet. Inmitten all dieser Formlosigkeit wirkt sie wie ein Magnet, oder ein Feuer in der Kälte, doch dieses Bild trügt. Die Augen, dem endlosen Horizont so müde, kleben an ihr wie Harz auf der Haut. Sie ist ein Hindernis, nur ein weiteres Problem, eine so herbeigesehnte Unannehmlichkeit, weil sie fassbar ist. Ein Objekt im endlosen Nichts. Vergiftetes Wasser in der Wüste. Hat der endlose Raum Perspektive geraubt, raubt sie die Fähigkeit, sich frei zu bewegen. Käme man an eine Mauer und wüsste, kein Weg führt an ihr vorbei, man würde an ihr weitergehen. Doch durch allherrschende Formlosigkeit an sie gefesselt, bleibt man an ihr stehen. Und dort steht man. Und steht. Gefesselt im Nichts. Gebunden an den Punkt, an dem man nicht weiterkommt. Für immer. Die Augen stets an ihre Form geheftet, so fest, als könnte sie verschwinden, sobald man nur für eine Sekunde die Augen schließt, und man wäre wieder allein, die einzige Kontur im endlosen, gleißenden Licht des Nichts. Denn dies ist der Ort, der so furchtbar ängstigt. Der einzige Platz ganz nah bei sich. Kein externes Etwas das durch seine Aufmerksamkeit Asyl gewährt. Nichts außer das Selbst, dessen Gedanken begrenzt sind in diesem grenzenlosen Nichts. Sie werden anfangen, sich zu drehen und man wird sich sattgedacht haben an ihnen und dann ist das Selbst das Einzige, was noch bleibt. Und es wird niemand kommen. Es wird nichts teilhaben, keine Zeugen geben. Man wird wieder mal schutzlos vor sich selbst sein. Deshalb bleibt der Blick auf das vor einem gerichtet, weil es endlich etwas vor einem gibt. Es gibt ein Rechts und Links, Oben und Unten und die Schwere, die einen dorthin drückt. Und den Druck und Drang, doch endlich über diese Scheißmauer zu kommen. Denn sie ist jetzt der Grund allen Übels, sie ist das Ding, das den Weg versperrt, das Hindernis, das einen an etwas hindert. Woran? Weiterzukommen? Wohin? Gab es ein Vorwärts, bevor es die Mauer gab? Erlösende Antwort bietet nur sie selbst. Doch es ist keine gesprochene Antwort, sie besteht nur in ihrer Existenz, in dem Halt, den sie den Augen gibt. Dem Gefühl, nicht blind zu sein. Das Paradoxe der Erlösung ihrer Existenz und des einzigen Ziels, sie zu überwinden, verliert seine Berechtigung. Es gibt sie, das ist die Hauptsache. Und sie macht bewusst, dass man nicht an diesem Ort sein möchte. Vielleicht ist das ihre Aufgabe. Ein Betonboden, der den Fall beendet. Ein Zauber, der Frust, Wut und Verzweiflung entstehen lässt. Womit man die Helligkeit um sich herum füttert, bis ihre Konturen zu verschwimmen beginnen, sie verblasst und schließlich bald verschwindet. Und was bleibt, ist wieder einmal nichts. Das Nichts, das einem die Kehle zuschnürt, die Augen rastlos macht. Gefangen in der Unendlichkeit. Der Schmerz wird zum Grund, zu sein. Und der Grund, der einen dorthin brachte. Und dieser fand einen erneut. Und so fällt man erneut. Oder man läuft. Kein Unterschied. Keine Bedeutung. Nur endloser Raum. Und blendendes Nichts.

2

Volkskrankheit

*„There is nothing either good or bad but
thinking makes it so."*
*(„Denn an sich ist nichts weder gut noch böse,
das Denken macht es erst dazu.")*
William Shakespeare[16]

Auch wenn in vielen Fällen Traumata und unverarbeitete Erlebnisse Auslöser für Depressionen sein können, sind außerordentliche Ereignisse keine Garantie für diese. Der Mensch scheint mit bedrohlichen Situationen besser umgehen zu können als mit Langeweile. Einschneidende Erlebnisse beschreiben die Veränderung einer Lebenssituation. Sind diese Veränderungen negativ, beschreiben sie die Verschlechterung der Lebensumstände einer einzelnen Person oder von Bevölkerungsgruppen bis hin zu ganzen Nationen. Das heißt, es gibt in diesem Fall ein Davor, das besser war als das, was danach kam, also momentan ist. Es existiert ein Szenario, in das man sich zurückwünscht, auf das man hoffen kann, eines Tages wieder hinzustreben zu können. Es gibt eine Perspektive, sei es auch jene, dass einem alles genommen wurde, denn selbst in diesem Zustand kann der Betroffene wenigstens beschreiben, wo er sich gerade befindet. Gerade subtilere, ganz subjektive, im Verborgenen wütende Katastrophen sind es, die zu Depressionen führen. Umweltkatastrophen und Kriege sind ein viel zu einschneidendes Ereignis, um unmittelbar Depressionen hervorzurufen. Sie erzeugen keinen lähmenden Druck, sondern belebende Todesangst. Kämpfen oder Fliehen. Höchstaktive, das gesamte Sein einnehmende Stadien. Diese Zustände hinterlassen keine Leere, sondern einen Schock, das plötzliche Einbrechen dieser extremen Stadien, und den Drang, sich so weit wie nur möglich von dieser schrecklichen Situation zu entfernen, sobald alles vorbei ist. Wenn große Teile ganzer Völker einer niederschmetternden Leere erliegen, dann muss dies mit den Bevölkerungen selbst, und mit dem, was mit ihnen zusammenhängt, zu tun haben.

Hat ein Mensch, der zuvor etwas herstellte, indem er jeden erforderlichen Schritt selbst tat, die Möglichkeit, sich seine Arbeit zu erleichtern, indem er nun nur noch den immer gleichen Bruchteil dieser Arbeit selbst tun muss, denkt er tatsächlich, er hätte dadurch mehr Zeit, um sich nützlicheren Dingen zu widmen. Nur erkennt er nicht: Diese Arbeit zu tun, von Anfang bis zum Ende, war seine nützliche Tätigkeit. Er weiß anscheinend immer noch ganz recht, dass er in seiner Nützlichkeit die Erfüllung zu suchen hat, nach der er sich in seinem Leben sehnt, jedoch scheint ihm sein wahrer Nutzen als dieses ewige Mysterium, das er niemals zu lösen wissen wird, weil er nicht erkennt, dass sein Nutzen in seiner Tätigkeit liegt. Anstelle von einem ganzheitlichen Prozess ist er nun gefangen in nicht enden wollender Eintönigkeit, in einer Hierarchie, die ihm den Sinn seines Tuns nicht mehr erkennen lässt, in einem System, das ihm sagt, was er zu wollen hat. Der echte Mensch wurde als Diener geboren, nicht als Sklave. Doch dem exzellenten Propaganda-Regime des Systems erliegend, meint er nun nicht mehr selbst zu wissen, was er eigentlich möchte: Autonomie und Selbstbestimmung über sein eigenes Leben. Dieses Verlangen wird tief in ihn hinein zurückgepresst und über Generationen so weit verdichtet, bis es schon im Kindesalter gar nicht mehr infrage gestellt wird, sondern als für immer verloren, als niemals entdeckt, zum tödlichen Vortex mutierend, sich immer tiefer in die kleine Seele frisst. „Augen auf, Mund zu, stillgesessen!" – der Leitfaden, der Schulkindern eingetrichtert wird. Rebellierende werden als krank deklariert. Wer denkt, das entspräche der Natur des Menschen, ist noch nie einem begegnet. Und wie sollte man auch, in solch einem System?

Die glorreiche Neuzeit sollte den Geist mit Wissen füllen, stattdessen begann sie ihn auszuhöhlen. Alles, was war, ist, und sein sollte wurde in die Außenwelt gezerrt. Nichts hat Bestand ohne handfeste Beweise. Greifen können muss man die Wirklichkeit. Zerdenken können muss man jeglichen Schritt. Auf der Suche nach allem wird alles bis ins kleinste Detail auseinandergenommen, bis man am Ende vor dem Nichts steht. Im dunklen Mittelalter bewies sich: Die Götter sind tot. Es lebe der Mensch! Für immer und ewig. Als Herrscher über alles und jeden. Als Meister der Elemente und des Geistes. Als Richter über Gut und Böse. Diese plötzliche Leere über ihm stürzte ihn offensichtlich in die Manie, nun selbst das höchste Gut zu sein. Der Mensch wurde frei von jeglicher Beherrschung, verlor folglich die seine. Aber wie keines der Landlebewesen war er für Grenzenlosigkeit gemacht. Nun ist sie es, die ihn immer weiter in den – und nicht nur seinen eigenen – Abgrund treibt. Immerfort nach Antworten suchend, auf Fragen, die er sich selbst stellte, um an seiner eigenen Nichtigkeit nicht irre zu werden, niemals mit den Antworten zufrieden seiend, rennt er panisch kopflos durch die Welt und hinterlässt nichts als verbrannte Erde. Wie soll sich irgendwer noch sicher fühlen? Und ohne Sicherheit keine Chance der Selbstverwirklichung.

Nicht nur geistig erschuf der Mensch sich der Depression liebste Voraussetzungen. Auch körperlich sollte, und soll, alles so einfach und leicht wie möglich werden. Körperliche Arbeit wird heute belächelt oder bemitleidet. Sich räumlich von wetterbedingten Umständen abzugrenzen und unabhängig zu machen, war schon seit jeher das große Ziel. Die größte Herausforderung heute besteht darin, von einer dieser Räumlichkeiten zur anderen zu gelangen. Auch hinsichtlich Lebensmitteln gelten jene als gut, die mit wenig Aufwand die größtmöglichen Mengen an Nährstoffen freisetzen. Nichts tun, alles bekommen scheint das neue Paradies zu sein. Aber auch dieses körperliche Getrenntsein von jeglichen Umwelteinflüssen und die Not an Herausforderungen wirken sich negativ auf den gesamten Menschen aus.

Der Körper kann letztendlich nicht das tun, wozu er imstande ist: Temperaturschwankungen dauerhaft ausgleichen, Reize aufnehmen und verarbeiten, komplexe Nährstoffverbindungen aufspalten und verwerten, sich sinnvoll einsetzen, beansprucht werden, etc. Er wird in seiner Funktionalität und seinem Potenzial gehemmt, was von dem geistigen Unterbewusstsein nicht unentdeckt bleibt. Was die Absicht hatte, Dinge zu erleichtern, wiegt nun schwer auf den Schultern des Geistes. Letztendlich führten die ersehnte Erleichterung und Bequemlichkeit nicht zu dem erwünschten Effekt, denn anstelle von höherer Produktivität und größerer Stärke traten die genauen Gegenteile dieser auf. Körper und Geist wurden nicht die Freiheit geboten, sich weiter zu entfalten, sie wurden gezwungen, ihre Funktionen und natürlichen Abläufe zu unterdrücken. Eine Maschine mag vielleicht für eine längere Zeit leistungsfähig bleiben, wird sie weniger beansprucht. Doch wird ein organisches Lebewesen als ein Ding angesehen und als solches behandelt, so muss es lernen, sich wie eines zu verhalten: neutral, funktional, emotionslos, effektiv und in willenloser Treue ergeben. Keine dieser Eigenschaften lassen sich allerdings mit dem Wesen eines Lebendigen vereinbaren. Sieht dieses sich aber genau dazu gezwungen, liegt dort das Problem. Es ist ein Problem, das sich im tiefsten Innern einer Person abspielt und somit schwer zugänglich ist, für die Person selbst wie auch für andere. Etwas stimmt nicht, aber es kann nicht direkt angesprochen werden. Diese Situation ist ebenfalls eine, in welcher man entweder zu kämpfen oder zu fliehen hat. Doch der Kampf richtet sich nicht gegen das eigentliche Problem und die Flucht führt nur noch tiefer in die tatsächliche Gefahr hinein. Aber wie hat der Mensch es überhaupt so weit kommen lassen, um sich in dieser verzwickten Situation wiederzufinden? Nicht nur seine Kämpfe und Resignation können ihm zum Verhängnis werden, sondern auch seine Begeisterungsfähigkeit.

3

Die Euphorie des Menschen

Das Wort Mensch beschreibt ein Geschöpf, das aus einer Masse höherer Lebewesen hervorsticht. Überlegenheit ist eines der beliebtesten Stichworte, mit denen es sich selbst gerne krönt. Überlegenheit durch Anderssein. Doch was begründet dieses Anderssein? Im Gegensatz zu den anderen Lebensformen scheint der Mensch das einzige Lebewesen dieser Welt zu sein, das zugänglich für realen und psychischen Wahnsinn ist. Gleichzeitig zeigt sich in ihm aber auch eine gewaltige Schöpfungskraft und Überzeugtheit der eigenen Rasse gegenüber. Ganz egal, welchen Aspekt der menschlichen Seinsweise man sich anschauen möchte, man wird dessen Oberfläche kaum angekratzt haben, bevor man auf eine scheinbar allherrschende Kraft stößt: die Euphorie und ihre unwirkliche Größe, mithilfe derer der Mensch sein Dasein bestreitet.

Der Weg zur Euphorie

Nichts Großes kann entstehen ohne Leidenschaft. Die Dinge, welche nur das Leiden schafft. Der Beweis dafür, dass nicht jeder für sich ist, weil der Mut, den eigenen Vorteil zugunsten dem eines anderen aufzugeben, zur wirklichen Erfüllung des menschlichen Verlangens führt. Unglaubliches wird vollbracht, Unmögliches erreicht, wenn jemand zum Leid bereit ist. Das heißt nicht, es zu suchen, sondern sich ihm nicht zu verschließen und nicht müde zu werden, sich dem aufzuopfern, was größer ist als man selbst, weil man daraus einen direkten und unvorhersehbaren Lohn bezieht, der dennoch in gewisser Weise selbstlos ist. Leidenschaft ist das, was einem mehr gibt, je mehr man es tut. Der Zauberspruch, der auf einem liegt und tiefer hineinführt in die Verwirrung der eigenen Träume mit der tatsächlichen Bereitschaft, etwas für sie zu tun. Sie ist eine süße Droge, die einen direkt ins Paradies befördert. Sie ist der stärkste Schmerzbekämpfer, Wachmacher und Kraftspender. Sie ist das hungrige Biest im Innern, das nie satt zu kriegen ist. Sie beflügelt und verankert zugleich. Sie bringt Opfer, um nach Höherem zu streben. Dieses verliert sie nie aus den Augen. Unermüdlich lenken ihre Schritte darauf zu, mit unerschütterlicher Selbstüberzeugung. Nichts kann sie stoppen. Niemand kann ihr im Wege stehen. Durch die unwirklichsten Gebiete führt ihr Pfad, rücksichtslos auf Möglichkeit und Vorschrift. Unverwundbar setzt sie sich über diese hinweg, da sie unerreichbar hoch über allem steht. Sie allein ist die Kraft, die sich in allem verbirgt. Denn nichts hat Bestand, ohne Bereitschaft zum Leiden.

Leidenschaft ist dem Menschen wohlbekannt. Seit jeher genießt er es, sich von ihr leiten zu lassen. Doch dann erhaschte er einen Blick in ihr Gesicht und nahm sie bewusst als all das wahr, was sie ist. Und er beschloss, selbst gerne so zu sein wie sie. Er fing an, sie zu beneiden, weil er sie nun nicht mehr als etwas Erlebbares, sondern als etwas Greifbares vor sich hatte und begann, entgegen ihrer ausmachenden Natur, den puren Vorteil aus ihr für sich zu extrahieren. So wurde das Leid von ihr isoliert und als rein negativ deklariert, während die übriggebliebenen positiven Aspekte zu künstlichen, krankmachenden Zuckerbomben komprimiert wurden. Die Aufopferungsbereitschaft des Leids wurde zur krankhaften, befriedigungssüchtigen Jagd auf pure Euphorie. Durch seinen Wunsch, ihr gleichzukommen, strich der Mensch somit auch im Hinblick auf sich selbst das Negative heraus, um im Angesicht seiner selbst die Euphorie des Seins verspüren zu können. Denn gut wollte er von nun an sein, aber nicht mehr leiden müssen. Alles Schlechte wollte er ausradieren, anstatt sich mit ihm auseinanderzusetzen.

Die Euphorie als solche

Euphorie suggeriert erst einmal etwas Positives. Sie wird als bodenlose Freude geglaubt, der Begriff „himmelhoch jauchzend" kommt in den Sinn. Vielleicht sogar als bloßes Gefühl abgetan, wird sie als etwas Verstandenes hingenommen, eine wirkliche Beachtung erfährt sie nie. Schaut man sich ihre Natur jedoch etwas genauer an, erscheint sie schnell als treibende Kraft, die nicht nur Gutes in gebündelter Form in sich trägt. Der Mensch ist ein hocheuphorisches Wesen. Jeder Entdeckung, Errungenschaft, Verwirklichung, Erkenntnis folgt das Erleben der euphorischen Kraft, die zuvor dazu angehalten hat, sich überhaupt erst auf den Weg zu einem dieser Ziele zu machen. In dem Erleben des Erfolges zeigt sie sich auf allgemein anerkannte Weise und wird so als etwas Positives (Gefühl) erlebt. Der Impuls, sie mit einem Gefühl zu vergleichen, entspringt auch ihrer unstabilen Art. Sie wird kurz und intensiv erlebt, verfliegt jedoch scheinbar genauso schnell wie sie gekommen ist. Durch diese Intensität und Schnelligkeit treibt sie ihre Opfer in ihre Abhängigkeit. Wird ein Fortschritt zelebriert, wird es nicht lange dauern, bis die Beteiligten kopflos ihrer Euphorie folgen. Sie werden dazu genötigt, sich ihr auszuliefern und verrennen sich in den Ideen, welche fortan ihre Euphorie ihnen diktiert. So bringen gute Ideen nichts Gutes mehr hervor und diejenigen, die eine Grenze überwunden haben, steuern direkt auf die nächste zu. Gebäude müssen höher, Reisemöglichkeiten schneller, der Alltag produktiver sein. Euphorie setzt sich auf jede freudige Erwartung und schließt den eigentlichen Grundgedanken ihrer Gegenstände vollkommen aus. Sie vertreibt Vorsicht, Sinn und Gegenwart. Sie ist Gefahrengut in Glasfässern. Was sie so mächtig macht, ist die Kleingläubigkeit ihrer Träger. Wird etwas unmöglich Geglaubtes erreicht, ist nicht nur die Freude besonders groß. Die bisher akzeptierten Horizonte und Vorschriften werden infrage gestellt, da niemand mehr nur an das bisher angedachte Ziel denkt. Warum jetzt aufhören, wo sich so viel mehr Möglichkeiten auftun? Warum nicht alles bis zum Bersten ausnutzen? So treibt sie ihre Opfer voran, kopflos, verständnislos, maßlos.

Ungerichtete und zentrierte Euphorie

Euphorie ist etwas Menschliches, was ebenso langen Bestand hat wie er selbst. Von Anfang an hat sie ihn getrieben. Doch sie ist nichts klar Definierbares und kann sich in ihrem Wesen verändern. Mit Staunen betrachtet der Mensch heute die höchst komplexen Errungen- und Machenschaften seiner Vorgänger und fragt sich, wie diese frühen Kulturen zu einer derartigen

Leistung fähig sein konnten. Ob die alten Ägypter, die Maya oder die alten Griechen, der heutige Mensch kommt angesichts ihrer nicht mehr aus dem Staunen heraus. Wie konnte die Moderne sich so schamlos über die Fähigkeiten der Vergangenheit hinwegsetzen, anstatt dass sich diese bis heute behaupten? Dem heutigen Menschen fehlt es nicht an Euphorie, jedoch hat sie eine andere Form angenommen. Die Ägypter beispielsweise waren in vielerlei Hinsicht ihrer Zeit weit voraus. Nicht nur die schiere Größe ihrer Bauwerke, auch ihre komplexe Architektur scheint nicht von dieser Welt. Medizin, Mathematik, Schreibweise, Politik auf höchstem Niveau und das alles bereits vor Tausenden von Jahren. Eine riesige Kraft trieb sie nicht in die Irre, sondern zur Höchstleistung an. Worin liegt der Unterschied zur heutigen Euphorie? Jeder einzelne dieser Bereiche unterlag damals einer allherrschenden Macht: der Religion. Alles, was sie taten, diente dem Ruhm ihrer Götter. Ihre Medizin war notwendiges Werkzeug, um sicher in das Totenreich, und somit in die Welt der Götter, eintreten zu können. Ihre Architektur war Ehrerbietung und Machtzeugnis ihrer allmächtigen Meister. Ihre Überlieferungen beschrieben stets die Verbindung des Mittlers zwischen Menschen und Göttern. Ihre Staatsform wurde auf dem Gesetz des Glaubens gegründet. Ihre Euphorie ist also nicht zu leugnen, aber es handelte sich um eine auf etwas gerichtete Euphorie. Diese lässt nicht von ihrem Ziel ab, ihre pure Existenz wird einzig und allein mit dem Erreichen dieses einen Zieles gerechtfertigt. Ist dieses Ziel unerreichbar, verrennt sich diese Euphorie nicht in irgendwelche Ideen, sondern treibt umso mehr mit aller Kraft darauf zu, und ihre Träger zu Unglaublichem an. Die auf sich selbst gerichtete, zentrierte Euphorie ist im Begriff, schlagartig zu zerfallen, sobald sie Gestalt angenommen hat. Wird ihr jedoch ein unumstößliches Ziel zugeschrieben, so strömt sie auf sicheren Bahnen darauf zu. Das Problem mit unerreichbaren Zielen ist jedoch, dass sie irgendwann aufgegeben werden. Sind alle Bemühungen umsonst, wird nicht nur das Ziel aufgegeben, sondern auch die Methoden, die sich als nutzlos herausgestellt haben. Die Vorstellung der übermenschlichen Mächte, die ihren Dienern schützend zur Seite stehen und sich deren Bemühungen dankbar zeigen, wurde zu oft enttäuscht. Hat der Mensch seine übernatürliche Bezugsperson verloren, sucht er sich auf andere Weise zu rechtfertigen. Er ist sich nun selbst der Nächste, dem es gilt, seine Anstrengungen zu widmen. Dies stellt sich jedoch als schwieriges Unterfangen heraus, da er von jeher von sich selbst irritiert und befremdet ist. Diese innerliche Unsicherheit wird von sich heraus als Schwäche deklariert, welche es umgehend zu überdecken gilt. So staunt er gekünstelt über sich selbst und versucht verzweifelt, seinem Dasein eine gewichtige Bedeutung zuzuordnen, während seine Euphorie nun kein bestimmtes Ziel mehr hat, auf das sie sich konzentrieren könnte. Heimatlos streift sie umher und ergreift jede noch so kleine Chance, sich als treibende Kraft zu zeigen. Ziellos treibt sie die Menschen vor sich her und lässt sie im Wahnsinn zurück. Verwehrt man ihr ein Ziel, verwehrt sie einem den Weg dorthin und reißt einen in ihrer Eigenwilligkeit mit. Erhält sie eines, kommt ihre Kraft voll zur Geltung, da sie nun in eine bestimmte Richtung wirken kann. Dieses Ziel muss nicht immer außerhalb eines Menschen liegen, auch Ziele innerhalb des Wesens eines Menschen bedürfen der Euphorie und schwingen sowieso immer in den Zielsetzungen eines jeden mit. Jedoch verweben sich diese inneren Ziele schnell mit den egozentrischen Zügen der ewigen Unsicherheit, die in einem herrschen. Der Mensch ist und bleibt sich selbst ein Rätsel, was seine innere Ausrichtung auf sich selbst schier unmöglich erscheinen lässt. Selbsterkenntnis geht nun mal der eigenen Zielsetzung voraus und sie ist gleichzeitig der Grund für das frühe Scheitern derselbigen. Denn aus ihr resultieren erst einmal Unverständnis, Verwirrung, Betroffenheit, Sorge, Verneinung, kurz: Sie schlägt den Menschen in die Flucht. Fortan vergräbt er sich lieber in Egoismus, Fanatismus, Minderwertigkeitskomplexen und Selbsthass als noch einmal einen Blick in den Spiegel seiner Seele zu wagen. Die Selbsterkenntnis schmerzt ihn zu sehr. Wie soll man sich aber ein Ziel, welcher Art auch immer, setzen, wenn man dem Grund einer Zielsetzung beraubt ist: sich selbst, oder eine Sache von Wert für

sich, voranzubringen? Verwirrt und gefrustet ergibt man sich
allem und jedem, der oder das einem Linderung dieser schmerz-
vollen Situation verspricht. Und Euphorie erweist sich hier als
gutes Schmerzmittel. Doch sie wird einen nie an sein Ziel bringen können, da es sich um die nicht gerichtete, unkontrollierba-
re Euphorie handelt. Ist der Mensch einer Sache beraubt, die größer als er selbst ist und all seiner Aufopferung bedarf und derer
würdig ist, vermag er diese Lücke lediglich mit Dingen zu füllen,
die einen ebenso leeren und rückständigen Charakter haben wie
sein Geist, der sich nun nicht mehr mit der schmerzhaften Realität auseinandersetzen darf, sondern dazu gezwungen wird, sich
den egozentrischen Lügen zu ergeben. Das beweist die scheinbare Überlegenheit der neuen, vielversprechenden Ideen gegenüber den lange vorherrschenden inneren Werten. Gleich einer
altbewährten, bedeutungsschweren Kultur, die sich auf einmal
einer Horde maßlos überlegener Eindringlinge gegenübersieht.
Die Kultur ist im vollen Besitz ihres Bewusstseins als solches, sie
weiß um ihre Stellung in der eigenen Umgebung und im eigenen
Weltbild. Sie ist im Einklang mit den vorliegenden Gegebenheiten. Der Eindringling jedoch hat diese Werte lange Zeit zuvor
verloren. Er sah sich dazu genötigt, seine bisherigen Überzeugungen über Bord zu werfen und mit aller Kraft sich selbst und
der Welt gegenüber seine Stellung rechtfertigen zu müssen. Aus
dieser Verzweiflung heraus entwickelte er seine wahnwitzigsten
Vorstellungen und Ansprüche. Der Fakt, dass diese von seinen
Leidensgenossen ohne Wenn und Aber akzeptiert wurden, weckt
die Euphorie in ihm, die ihn fortan daran hindert, auch nur eine
Sekunde an seinen Hirngespinsten zu zweifeln. Sie frisst jegliche Art von Denkvermögen, Einsicht und Umkehr und treibt ihn
immer tiefer in die Sucht nach umgehender Befriedigung. So rüs-
tet er sich mit Waffen und der Bereitschaft, diese zu benutzen,
um seinen Stand in der Welt zu rechtfertigen, nur um am Ende
keine Inhalte vorweisen zu können. Da diese Bemühungen Früch-
te tragen, verschafft die Euphorie ihm, was er will, so fällt es ihm
leicht, nicht an sich zu zweifeln. Seine konstante Überlegenheit
treibt seine Euphorie auf den Höhepunkt und befriedigt wenigs-

tens sein Ego vollends. Doch in was ist er wirklich überlegen? Nur in der Kunst, schnellstmöglich das Nächstoffensichtliche zu erreichen, nichts weiter. Er verkaufte seinen Geist, sein Sehvermögen, seinen Sinn, sein Existenzrecht, nicht zuletzt seine Seele, um Macht zu erhalten. Hat sich der Staub gelegt, verlässt ihn seine Euphorie und die Leere überfällt ihn mit ungeheurer Kraft. Ratlos krümmt er sich in schlimmeren Schmerzen als jemals zuvor und fragt sich, warum er, trotz Erreichung all seiner Ziele, wieder am Anfang seiner Flucht vor sich selbst steht. Das, was auf den ersten Blick so machtvoll seinen Dienst erwiesen hat, liegt jetzt als tote Zeugen seiner Verzweiflung vor seinen Füßen. Trotz seiner Überlegenheit konnte er der Kultur die eine Sache, hinter der er wirklich her war, nicht abjagen. Und das war Identität. Diese Identität, die ihn zuvor so sehr schmerzte, dass er bereit war, alles aufzugeben, nur um von ihr wegzukommen. Diese Identität, die er nur lange genug hätte ertragen müssen, um neben ihrer Schande auch das eigene Potenzial in ihr erkennen zu können. Doch nun steht er hier, ein weiteres Mal gebrochen, in einem fremden Land, unfähig, sich mit sich selbst auseinanderzusetzen. Seine einzige Möglichkeit ist, sich mithilfe der vergangenen Erfolge erneut mit Euphorie zu betrinken, die Scharade der Selbstherrlichkeit aufrechtzuerhalten und zu perfektionieren und jeden, der sich ihm entgegenstellt, dem Erdboden gleichzumachen. Da steht er nun, entwurzelt, zu feige, sich ein neues Bild der Welt zu schaffen, verkümmert, verängstigt und kopflos den hübschesten Versprechungen folgend. Hätte dieses Verhalten nur Auswirkungen auf ihn selbst, würde er wenigstens seine berechtigte Strafe für sein Handeln bekommen. Doch die Konsequenz hat leider auch sein Umfeld mitzutragen. Da die Qualitäten seiner Ersatzbefriedigungen nicht mit seinen Erwartungen mithalten können, versucht er diese dennoch mit Quantität zu erreichen. So hat er immer noch keine größere Macht, der es sich hinzugeben lohnt, doch nun ist der Preis für seine Verzweiflungtaten im Begriff, ihm bis ins Endlose über den Kopf zu wachsen. Und solche Preise lassen nichts in ihrer Umgebung unberührt. So muss nun seine gesamte Umgebung mit an der Last tragen, die er sich selbst aufgebürdet hat. Seine Euphorie fordert ihre Opfer, wenn sie keine Bestimmung zugewiesen bekommt – auffällig, wie sie damit ihrem Träger ähnelt. Doch nicht nur dieser ist unmittelbar von diesem stetigen Untergang bedroht, es ist ebenso ein furchtbares Vermächtnis an jene, die nach ihm kommen. Somit wächst mit denen, die in seine Fußstapfen treten, bereits die zweite Generation mit dieser Gehirnwäsche auf und ist fortan noch unfähiger, zurückzusteuern als die vorige. Anfangs regt sich in ihnen möglicherweise noch der Samen ihrer einstigen eigenen Kultur, doch diese wird früher oder später erbarmungslos von der Autorität ihrer Vorgänger niedergetrampelt und im Feuer ihrer euphorischen Propaganda vernichtet. Nur so viel wird stets davon übrigbleiben, um ihnen das Erleben des schmerzlichen Verlustes ihrer selbst zu ermöglichen. Nur dass ab dieser Generation ihnen nicht einmal mehr jemand sagen können wird, was sie da so furchtbar quält. So ist ihre falsche Identität, und die damit verbundene Übertreibung, für sie zur unumstößlichen Wahrheit geworden. Ohne auch nur den Hauch einer Ahnung steuern sie auf eine trostlose Zukunft zu, in der die Jagd nach Euphorie das Einzige sein wird, das ihnen in irgendeiner Weise Erfüllung versprechen könnte. Sie ist nicht die verlorene Generation, sie ist die verdammte Generation.

Euphorie hat Macht. Sie beherrscht scheinbar jeden Menschen und kann ihn nicht nur maßgeblich beeinflussen, sondern kontrolliert ihn regelrecht. Ein Grund dafür ist der Verlust der eigenen Denkfähigkeit. Gibt der Mensch seinen eigenen Geist auf, versklavt er diesen an seine Gefühle, die allgemeine Meinung und die aktuellen Begebenheiten. Er lässt sich von diesen Einflüssen fernsteuern und erlaubt so der Euphorie, ihn gewisse Pfade herunterzutreiben. Dabei belügt er sich konstant selbst, indem er sich einredet, seine Entscheidungen und Gedanken wären ein Produkt seines eigenen Geistes. Das belegt er mithilfe von Beispielen, in denen er jemals seine Meinung geändert hat. Doch auch seine drastischsten Meinungsänderungen sind keinesfalls aus eigenem Antrieb erfolgt, sondern von Euphorie getrieben. Sie erliegen lediglich dem Charme der Argumente, die ihn auf die Euphorie des Erreichens eines Zieles hinweisen, welches zwar in der entgegengesetzten Richtung seines bisherigen Weges liegen mag, jedoch trotzdem nichts mit seiner eigenen Überlegung zu tun haben muss. Für ihn bedeutet es, durch eigene Kraft die Welt zu verändern. In Wirklichkeit erweist sich die Euphorie hier am kraftvollsten, da sie es schafft, einen Menschen zu seiner höchsten Leistung zu bewegen: sich oder etwas zu verändern. Mithilfe attraktiver Argumente und guter Gefühle lockt sie ihn mal hierhin, mal dorthin und gibt ihm mit jedem vollzogenen Richtungswechsel die Möglichkeit, Stolz in sein beschränktes Handeln zu legen. Doch entzieht man ihm sein Ziel, fällt er sofort in das Nichts seiner selbst zurück, da seine Euphorie ihn nur zielgerichtet zu leiten vermag. Hat er aber kein Ziel, auf das sie ihn hintreiben kann, würde er wieder auf sich selbst zurückgeworfen werden und er weiß nur zu gut, wie es das letzte Mal um ihn stand, als er sich in dieser Situation wiedergefunden hat. Dem Status des Selbst im Jetzt kann er ohne Identität nicht standhalten; so kann er nicht ohne Euphorie leben, die ihn rechtfertigt und vielversprechend auf ein Ziel hintreibt. Das Ziel ist dabei völlig bedeutungslos und somit sehr einfach austauschbar. Es geht nur darum, dem eigenen Selbst davonzulaufen, denn diese Rastlosigkeit bewahrt ihn vor dem persönlichen Nirvana, dem Auflösen im Nichts seiner selbst. Würde er innehalten und sich diesem Nichts stellen, würde er sich endlich in die eigenen Augen blicken und mit viel Mühe seine Identität in sich selbst erkennen. Das würde ihn von der Versklavung an Gefühle und Umwelt befreien und ihn die Nutzlosigkeit seiner ständig vorschwebenden Ziele erkennen lassen. Er könnte sich selbst in seiner jetzigen Situation begreifen und wäre somit unabhängig von Ablenkungen. Wieder mit sich vereint könnte er sein Potenzial begreifen und wäre in der Lage, dieses ernsthaft anzugehen. Er würde mehr Interesse an dem Echten als an dem Lukrativsten haben, er würde durch sich auch andere sehen, er würde sein, anstatt zu streben, und trotzdem weiter kommen als jemals zuvor. Dies alles ließe sich erreichen mithilfe des eigenen Denkens, denn es richtet die Euphorie wieder auf das eigene Selbst und zentriert sie auf das bereits erreichte Ziel der Wiedervereinigung. Denn nur in diesem Ziel ist es ihr möglich, sich wieder mit dem Ganzheitlichen einer Sache zu vereinen, also das Schlechte wieder mit einzubeziehen. Mithilfe dieses Zieles in die richtigen Bahnen gelenkt, dient sie nun dem eigenen Vorankommen, indem sie das Selbst immer wieder in sich vereint. Sie treibt nun nicht mehr auf ein unerreichbares Ziel zu, sondern agiert lediglich mit dem eigenen glückseligen Einssein, welches ihr entweder eine konstant gleichbleibende Kraft beschert oder ihr regelmäßig den Wind aus den Segeln nimmt, bevor sie sich zur wieder unkontrollierbaren Macht auftürmen kann. Sie wurde gezähmt im Sein des Seins.

Die Euphorie ist ein typisches Erkennungsmerkmal der westlichen Industrialisierung. Berauscht von der Unbegrenztheit des menschlichen Handelns wurden in Rekordzeit große Machtgebilde aus dem Boden gestampft, die, aus der Euphorie entwachsen, dieselbe nun weiter vorantreiben müssen, um sich dabei die Geistigkeit von Millionen von Menschen anzueignen. Diesen wurde fortan eingeredet, ihre einzige Existenzrechtfertigung sei, Mitglied dieses Wahnsinns zu sein. Als Kinder mussten sie die Dinge lernen, welche sie für den Zweck des Teilhabens an diesem System benötigen würden und als Erwachsene sehen sie weder Möglichkeit noch Grund, sich nach einem alternativen Lebenswerk umzusehen. Jeder muss sich einbringen in das Streben nach und in der Euphorie. Alles andere wird im Keim erstickt. Die erbarmungslose Durchsetzung dieser Denkweise steht über allem. Damit geht neben vielem anderen auch die Sympathie gänzlich verloren. Die Verlierer dieses Systems werden bestenfalls im Nebensatz erwähnt, bevor sie im Schutthaufen der Verpflichtungen untergehen. Die Euphorie fordert totale Loyalität, indem sie ihre Opfer in todesangstähnliche Zustände treibt. Rennen diese um ihr Leben, bleibt keine Zeit, sich um jemand Zweites Gedanken zu machen. So züchtet sich die

Euphorie ihre Arbeiter heran, eine Horde kaltherziger Maschinenmenschen, denen es nur ums eigene Überleben geht, weil sie verlernt haben, ihre eigenen Ziele zu formulieren. Doch am Anfang jeden dieser Wege steht ein unverbrauchtes Bewusstsein, das eine Ahnung davon hat, wie die Welt aussehen sollte und wie diese mit ihm zu interagieren hat. Das Verbrauchtwerden durch die Euphorie ist kein Ausgangspunkt, sondern beschreibt den Eindringling, der schon sehr früh die naiven Erwartungen des Unverbrauchten invadiert. Die Erfahrung der Gewalttat der euphorischen Diktatur gegenüber den persönlichen und ursprünglichen, also universellen, Werten bleibt somit etwas für jedes Individuum persönlich Erlebbares und büßt deshalb nichts an ihrer Zerstörungskraft ein, egal, wie lange sie fortgesetzt wird. Sie ist der Schnittpunkt des Bewusstwerdens des eigenen Seins innerhalb einer Gesellschaft, da diese jenes Erlebnis jedem Einzelnen auferlegt. Etwas Universelles wird unmittelbar, da jeder in dessen Umfeld demselben Schicksal erlegen ist und somit nicht die Möglichkeit besitzt, den neuen Geist vor diesem Verschliss zu bewahren. Die Euphorie setzt ihren Weg fort, Generation für Generation. Und schlägt ihre Wunden, Person für Person. Und niemand scheint ihr zu entkommen.

4

Hör auf zu flennen

Betrachten, was man alles hat, und sich trotzdem fühlen, als fehle einem selbst die Luft zum Atmen – das ist wohl meine früheste Erinnerung meiner Depression. Nichtwissend, dass es eine Krankheit war und nichtahnend, dass sie mich schon lange begleitete. In meiner Familie hatte ich noch nie so etwas wie Wärme verspürt. Sicherheit, geschweige denn Geborgenheit, waren Fremdworte für meine Seele. Also schaute ich, was mir von dem geboten würde, das anstelle dessen auf mich aufpassen sollte:

der Rest der Welt. Ich setzte meine Hoffnungen, angenommen, gefördert und gebildet zu werden, in die Institutionen, die sich für diese Aufgaben verantwortlich ausgaben. Insbesondere freute ich mich darauf, in die Schule zu kommen. Endlich ein Ort, an dem ich wachsen sollte, meine Stärken entdeckt und gefördert werden würden. Ein Platz des Wachstums durch Herausforderungen. Nach den ersten Wochen verstand ich die Welt nicht mehr. Nichts als machthaberisches Getue und gewaltsame Schikane, sobald man aus der Reihe tanzte. Ich fühlte mich hintergangen, betrogen und alleingelassen. Und ich erkannte, dass es niemanden auf der Welt gab, den das interessierte. Druck und Bedrohung konnte ich mir nicht leisten, da ich ohnehin nicht sicher war. Also begann das Zurücktreten meiner selbst. Je fester ich alles nach unten drückte und je tiefer ich mich selbst vergrub, desto zufriedener waren die Erwachsenen, die mit mir zu tun hatten. Somit manifestierte sich: schlechte Gefühle waren schlecht. Und dass ich mich schlecht fühlte, musste daran liegen, dass ich schlecht war. Denn ich hatte keinerlei Grund dazu. Die Scheinbarkeit der Außenwelt war alles, was zählte. Was sie zeigte und über mich aussagte, war unantastbare Wahrheit. Und die Wahrheit war: Ich hatte alles, was ich brauchte. Ich hatte beide Elternteile, lebte in einem Haus mit riesigem Garten, hatte immer genug zu essen und einen Haufen Haustiere. Keinen Grund, sich schlecht zu fühlen. Was meine Seele jedoch wusste: dass man Liebe nicht sehen kann und somit sich auch ihre Abwesenheit nicht durch Beobachtung beweisen lässt. Dass Kummer erst durch seine Erscheinungsformen in Erscheinung tritt, aber diese nur die Blüten dieses gefräßigen Gewächses sind. Und dass Angst hinter überhaupt jeder verzweifelten Anstrengung steht. Und all dies war längst dabei, mein tiefstes Sein zu einem handlichen, kompakten Seelenknäuel zusammenzuschnüren.

5

Der Teufelskreis

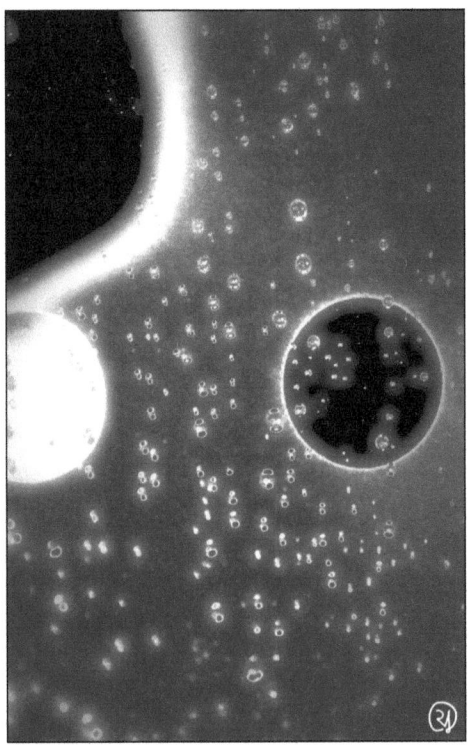

Depressionen absorbieren. Sie verleihen keine traurigen Gefühle, sie nehmen jegliches. Weniger eine dunkle, spürbare Präsenz als ein großes schwarzes Loch, das alles in sich hineinzieht und zu einem winzig kleinen, unauffindbaren Klumpen komprimiert. Schwarze Löcher entstehen, wenn Materie unter höchstem Druck aufeinandertrifft, ohne jegliche Möglichkeit, dass sich dieser immer höher werdende Druck durch irgendeine andere Weise aufheben kann. Wenn die Materie also immer fester aufeinandergepresst wird, muss sich der Zustand dieser irgendwann verändern, da Druck nicht bis ins Unendliche auf Materie wirken kann. Druck möchte entweichen. Gibt es dazu keinerlei Möglichkeit, entsteht dieses äußerst rätselhafte Phänomen, das, anstelle von vieler dicht komprimierter Materie, einen nichts enthaltenden Vortex bildet, der alles um ihn herum anzieht, um scheinbar seine eigene Leere zu füllen. Als Anschauung einer Depression ist dieses Bild sehr passend. Denn die Leere ist das Problem. Es ist keine Leere, die die Abwesenheit einer Sache bezeichnet. Es ist eine Leere, die mehr und mehr einnimmt und beansprucht, je weiter sie wächst. Vielleicht ist es keine Leere, sondern etwas, das man geistig gar nicht fassen kann, weil es so unvorstellbar ist, vergleichbar eben mit einem schwarzen Loch. Ist es wirklich leer? Wahrscheinlich nicht. Möglicherweise bietet es sogar einen Weg in andere Dimensionen, die man als Mensch nun wirklich nicht mehr zu fassen vermag. Genauso birgt auch der Vortex der Depression ein Wurmloch, das einen an Orten ausspuckt, an die kein anderer Mensch mehr folgen kann. Die Zerbrochenheit an sich ist der sicherste Weg in den Wahnsinn und die meisten Menschen wären schockiert zu sehen, wie wenig es für sie brauchen würde, um dort hinzugelangen. Denn Leere ist seit jeher die Horrorvorstellung des Menschen. Es wird absolut alles getan, um ihr zu entkommen. Sie versetzt auch den Abgebrühtesten noch in Panik. Während die Leere wahrscheinlich gar nichts Bedrohliches an sich hat, beinhaltet die Leere, die bei Depressionen erlebt wird, alles, was das Individuum bedroht. Die normale Leere erzeugt durch die Versuche, sie zu verdrängen, lediglich viel Gewalt. Jene, um die es sich hier handelt, ist selbst etwas sehr Gewalttätiges. In ihr findet sich ohrenbetäubende Stille, stolze Scham, himmelhoch reichende Erniedrigung, selbstzerfleischendes Mitleid, egoistische Aufopferung, hinterlistige Ehrlichkeit, zufällige Absichten, riskante Zuflucht. Sie ist so viel mehr als alles. Und doch ist sie nichts. Das macht es so schwer, über sie zu reden und unmöglich, sie sich selbst zu verschweigen. Also versucht man, ihr aus dem Weg zu gehen, doch stößt man dabei konstant an die Grenzen der eigenen physischen Existenz, also beginnt man, das zu vermeiden, was sie einem schmerzvoll ins Bewusstsein zerrt: Interaktionen mit denen, die sie nicht zu erleben scheinen. Die Leere vereinnahmt so viel der inneren Kapazität, dass alles andere zentnerschwer wird, egal, welche Beziehung man einst dazu gehabt hat. Anstelle der Kategorien Gut und Böse, Angenehm und Unangenehm, Sicher und Gefährlich, Fördernd und Schädigend, scheint sie alles in denselben Grauton zu hüllen und mit derselben Gleichgültigkeit zu unterlegen, welche sich zu einem desto dickeren Panzer verhärten muss, je heftiger die darunter unterdrückten Gefühle brodeln. Sie ist vermutlich die größte Lüge. Sie hüllt alles ins Nichts, nur weil sie aus allem, was war, zusammengepresst wurde.

Depression ist das Getrenntsein von sich selbst. So auch die Hölle.[1] Diese Trennung von dem Eigenen ist, glücklicherweise, ein sehr langwieriger Prozess, so langsam und schmerzhaft schleppend, dass das höchst dramatische und widernatürlichste Endstadium als nicht existent oder wenig bemerkenswert akzeptiert wird. An diesem Punkt hat das eine Selbst guten Grund, sich nicht nur vor dieser Situation zu schützen, sondern auch vor dem anderen, dem abgespaltenen Teil seiner selbst. Es erkennt sich als die eigene größte Bedrohung an. Es sucht nach Schutz und kreiert sein eigenes Verderben. Es verlangt nach vereinender Hilfe, die es so weit wie möglich von sich selbst entfernt. Denn Entzweiung schafft Verwirrung. Und diese Verwirrung überträgt sich auch auf die Interaktionen mit der Außenwelt. Da dies aber sehr unangenehm ist, wird versucht, die Wahrnehmung dieser Interaktionen zu hemmen. Gefühle bestimmen Interaktionen. Fällt Ersteres weg, wird auch Zweiteres schwer. Wird das eigene Selbst infrage gestellt, so auch, ob etwas wirklich notwendig, erstrebenswert, gut oder schlecht ist. Wenn die eigenen Erfahrungen einzig durch das Sein erlebbar gemacht werden, wie leben, wenn dieses Medium zerrissen ist? Alles, was das Sein will, ist Einheit. Einheit aber ist das, was diese Hölle erst erlebbar gemacht hat. In praktischerem Sinne: Wird die Depression durch ein schlechtes Umfeld hervorgerufen oder bestärkt, muss sich dieses ändern. Dies erscheint aber einem nicht depressiven Menschen schon als unmöglich. Wie sollte jemand im Begriff, von der eigenen Supernova vernichtet zu werden, die Kraft dazu aufbringen? Zumal alle seine Anstrengungen zum Scheitern verdammt zu sein scheinen. So träumt er von Möglichkeiten, seine Situation zu verändern, wissend von der Unmöglichkeit dieses Vorhabens, da seine Situation keinerlei Veränderung erlaubt. Alles außerhalb und innerhalb von ihm scheint gegen ihn zu sein. Doch die Welt ist ungerecht, weil er es zu sich ist.

Depressionen, selbst als Krankheit gehandelt, sind in Wirklichkeit lediglich ein Symptom. Sie selbst sind nicht das Problem. Sie überlagern es bloß. Sie sind Reaktionen, Verarbeitungsmechanismen. Sie sind vergleichbar mit einer Sucht. Die Abhängigkeit von Traurigkeit. Wobei Traurigkeit das vielversprechende Ziel – wie bei Drogen das gute Gefühl – darstellt und die Jagd danach nichts als Leere und Abhängigkeit hinterlässt. Abhängen tut die Depression von der eigenen Ungerechtigkeit gegenüber sich selbst. Dem Krieg, den das Selbst gegen sich führt. Dem ständigen Eindringen und Zurückschlagen in Regionen, die es sich nicht zeigen möchte. Dem Verdrängen, Herunterdrücken (lat. deprimere, niederdrücken) der eigenen Wahrheiten. „Verdrängung ist Ungerechtigkeit gegen sich selbst, und sie führt zu den Folgen aller Ungerechtigkeit, nämlich zur Selbstzerstörung durch den Widerstand der Elemente, die unterdrückt werden."[2]Verdrängung kommt von Überforderung, Verdrängtes lässt sich jedoch nicht verarbeiten, weshalb das Verdrängte nie seine Heftigkeit und Intensität einbüßt. Daraus entsteht das dauerhafte Unterdrücken, da das Überwältigende überwältigend bleibt. Dem Unterdrückten ist aber wohl bewusst, dass es an Aufarbeitung und Anerkennung bedarf, daher versucht es immer wieder, an die Oberfläche des Bewusstseins zu gelangen. Diesem ist jedoch bewusst, warum es das Unterdrückte unterdrückt, und so tut es alles dafür, sich vor diesem zu schützen. Das Unterdrückte wird zum Mythos, einer schlimmen Ahnung, einem sehr dunklen Schatten, der unterhalb der Wahrnehmung herumspukt. Der Wahnsinn dessen, wenn versucht wird, die Wahrheit zu vergessen. Gerade nach langer Zeit fällt es diesen beiden Seiten immer schwerer, sich gegenseitig zu verstehen. Hat sich der Mensch vielleicht als Ganzes in anderer Hinsicht weiterentwickelt, wird es für ihn umso frustrierender, zu bemerken, dass diese Fronten verhärteter sind denn je. Aus der immer selben Perspektive betrachtet erscheint die Situation hoffnungslos. Man sehnt sich nach Veränderung, doch kann nur verbittert feststellen, dass die herrschenden Interaktionen nur allzu vorhersehbar sind. Und gerade darin liegt ein perverses Gefühl von Sicherheit. Dabei kommt man von dem Eindruck nicht los, dass beide Seiten doch eigentlich dasselbe wollen. Wie kann trotz dessen ein solcher Konflikt entstehen? Er hat seinen Ursprung nicht in den Absichten der jeweiligen Parteien, er entsteht durch die unterschiedlichen Herangehensweisen beider. Der wohl präsentere Part möchte Konflikte vermeiden, indem er sein Bestes gibt, sich anzupassen und neue Ideen, Herangehensweisen und Vorgänge zu übernehmen. Dadurch wird jedoch der andere Part unterdrückt, ignoriert und hintergangen, da dieser sich mit den tiefer liegenden Dingen beschäftigt und stets darauf bedacht ist, das Handeln des Ersteren mit sich in Einklang zu bringen. Das verlangsamt den kompletten Prozess nicht nur, es führt vor allen Dingen dazu, dass gerade unschöne Situationen nicht, wie erwünscht, möglichst schnell vorbeiziehen, sondern in aller Gründlichkeit und mit vollem Schmerzempfinden durchlebt und verarbeitet werden wollen. So gesehen ist der zweite Part weniger für die Funktionalität, Reaktion und das Überleben zuständig, sondern für die Verbindung des Selbst mit sich und seiner Umwelt. Durch seine Aufgabe, sich den Tiefen der Dinge zu widmen, wird ihm eben auch der sekundäre Part zuteil. Dies führt fälschlicherweise dazu, ihm deshalb auch insgesamt einen zweitrangigen Platz einzuräumen, was fataler nicht sein könnte. Wird eine Person doch erst durch ihn das, was sie ist, eben keine erfolgsgetriebene, rationale, aufs Überleben getrimmte Maschine.

Wird dies aber vergessen, oder verdrängt, bleibt zweiterer Part an seinem Punkt stehen, während ersterer versucht, sich schnellstmöglich von ihm, beziehungsweise der Situation, mit der er diesen in Verbindung bringt, zu entfernen. Dies führt dazu, dass beiden Parteien kein Austausch mehr möglich ist und sie ihre lebenswichtige Wechselwirkung verlieren. Denn nur wenn das vom ersten Part Aufgenommene durch den zweiten verarbeitet werden kann, kann dieser Einschätzung und Interpretation wiedergeben, was den Ersteren, durch seine Funktionalität, zum Handeln und weiteren Vorankommen befähigt. Ohne Ersteren wäre Zweiterer stillgestandene Erinnerung, ohne den Zweiteren verliert Ersterer jeglichen Inhalt. Bleibt also Zweiterer stehen, blockiert er somit bewusst das Vorankommen des Gesamten, um auf das noch nicht Verarbeitete aufmerksam zu machen. Einzig und allein die Einsicht des Ersteren kann diese Situation retten. Da dieser jedoch direkt mit der Umwelt in Verbindung steht, und deshalb stets auf das Vorankommen und Beteiligt-sein-können fokussiert ist, wird er dieses gewiss nicht ohne jeglichen Widerstand tun. Ist erst einmal die Verbindung verloren, ist es schwer, den Blick auf der Suche nach dem Verlorenen wieder zurück auf dasselbe zu richten. Denn das bedeutet immer erst einmal innehalten. Aber es bleibt der einzige Weg. Denn weiß doch Zweiterer, dass wahres Vorankommen ohne ihn nicht möglich ist. Ist es also er, der den Krieg angefangen, so doch keinesfalls aus Bosheit, Rache oder Missgunst, sondern aus Vorsicht, Bedacht und Notwendigkeit. Es liegt ihm nämlich daran, das Gesamte nicht nur nach vorne zu bringen, sondern es auf jene Bahnen zu leiten, die Erfüllung, und nicht Erfolg, Erleuchtung, und nicht Anerkennung, Einsicht, und nicht Verehrung, Möglichkeit, und nicht Perfektion bieten. Beide Parteien sind also von denselben Sehnsüchten geplagt. Ersterer möchte den Menschen, in dessen Haut er steckt, angemessen präsentieren, Zweiterer möchte die Erfüllung desselben garantieren. Schiebt sich etwas Unterdrücktes dazwischen, wird beides ein Ding der Unmöglichkeit. Alles, was getrennt ist, träumt von Einheit. Doch wie zu ihr gelangen, wenn der Weg dorthin als unaushaltbar gilt?

6

Der liebe Kopf

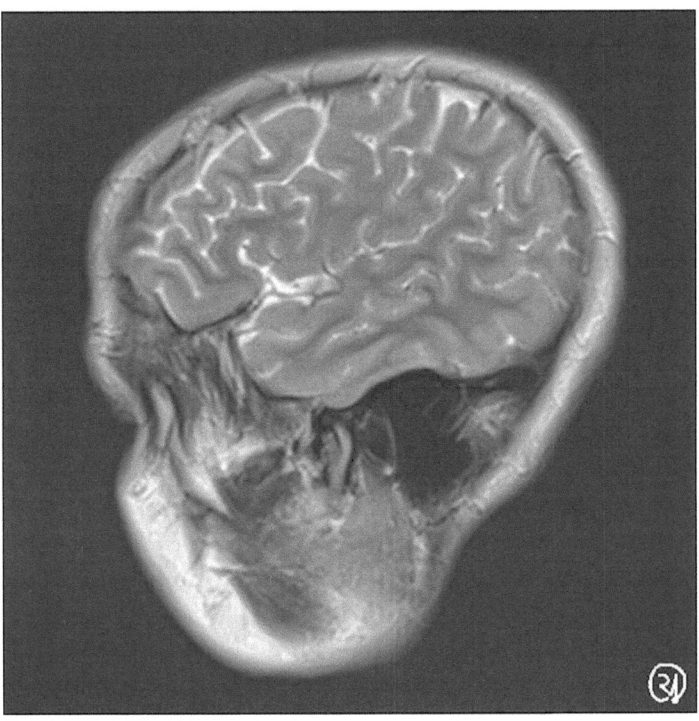

„Das ist doch nur Kopfsache." Als ob diese Aussage irgendetwas verharmlosen, erleichtern oder rechtfertigen könnte. Was ist denn keine Kopfsache? Der Mensch ist, sich selbst rühmend als einzig objektive Quelle in dieser Welt, am Ende zu ausschließlich den subjektivsten Errungenschaften fähig, da er das mit Abstand am weitesten von seiner Umwelt entfernte Wesen dieser Erde ist. Was, außerhalb seiner eigenen Vorstellungen und Ansichten, kann er betrachten? Wie frei im Denken ist er wirklich, wenn all sein Tun von in früher Kindheit Adoptiertem und sich auf seiner biochemischen Ebene Abspielendem diktiert wird? Wie weit ist ein Geisteskranker tatsächlich vom gesunden Normalbürger entfernt? Und wer bestimmt, was was ist? Wer sich auf die moralischen Konzepte einer Gesellschaft verlässt, wird von dieser selbstverständlich als normal eingestuft, und riskiert gleichzeitig seinen eigenen gesunden Menschenverstand. Der Kopf ist seine eigene Sache, und versteht dieser sich selbst nicht mehr, hat er seinen Sinn und Zweck ganz gut erkannt. Denn zum Verstehen war er nie gemacht, sondern zum Erkennen. Geht man die paar Schritte vom Verurteilen und Bewerten zurück zum Ansehen, erscheint alles in einem völlig anderen Licht. Die Kopfsache wird zur Ansichtssache. Ansehen ist ein schwieriges Thema, denn es zeigt einem das, was es will. Oft wird aus bereits gebildeten Urteilen und Werten die Ansicht gebastelt, die eben dazu passt. Entscheidet man sich aber, etwas anzusehen, braucht man dazu den Mut und Willen zur Wahrheit. Und die Wahrheit ist, dass alles Kopfsache ist, dessen Funktionalität sich die Gesellschaft zu Nutzen macht, indem sie erzählt, man könnte Realität bewerten und in Gut und Schlecht einteilen. Das ist jedoch, wie bei allen Privatsachen, ein ganz schöner Übergriff in diese. Aber was will man erwarten von etwas, das ausschließlich auf die Nützlichkeit von Dingen aus ist? Wenn das eben das Spiel ist, kann man sich dazu entscheiden, mitzuspielen, oder man starrt alternativlos ins Leere, eine ohnehin schon altbekannte Situation für jeden, der in einer leeren Welt auf der Suche nach Erfüllung ist. „Ist doch nur Kopfsache" klingt also eher nach: „Ist eben deine eigene Schuld, wenn du dich den gegebenen Bedingungen widersetzt." Unverständnis als Bestrafung des Widersetzens. Die Art und Weise, wie ein System sich seinen Weg in die zwischenmenschlichen Begegnungen frisst und somit dem Betroffenen das gibt, was er erwartet. Das Missverständnis seines Seins klingt ihm nun aus seiner Außenwelt entgegen und hallt als Echo in seinem Innern lange nach. Da fühlt sich seine Depression wie ein Bakterium im Brutkasten!

Das Leben findet im eigenen Kopf statt. Alle Möglichkeiten, Optionen und Pläne sind ausschließlich ein Konstrukt des individuellen Geistes. Ob etwas möglich oder unmöglich ist, ergibt sich aus der Erfahrung, die in Bezug auf diese bestimmten Dinge gemacht wurde und aus denen, die es gewagt haben, ihren Geist in gewisse Bahnen zu lenken und so das Unmögliche möglich machten, woraufhin das bisher Unmögliche von dort an als möglich gehandelt wurde. Es gibt also keine externen und absoluten Maßstäbe. In der Regel wird der Großteil der Bevölkerung glauben gemacht, dass die Dinge eben so und so ablaufen und deshalb der Lauf der Dinge eben so und so ist. Jene, die es schaffen, die Dinge anders zu sehen und sich über die ein oder andere Sache hinwegsetzen, werden, wenn sich ihr Schaffen als ungefährlich für das System herausstellt, als Genies, wenn es sich für gewisse Menschen und Institutionen als gefährlich beweist, als Terroristen deklariert. In der Regel gibt sich der Mensch aber mit den ihm gebotenen Begebenheiten zufrieden, da er es liebt, seine Grenzen zu kennen und es gemütlicher ist, zu träumen als die eigene Wirklichkeit, oder überhaupt irgendetwas, zu verändern. Er ist nun mal ein Gewohnheitstier. Veränderung bedeutet zudem immer Unsicherheit, also Gefahr für ihn. Es ist so gesehen sehr viel naheliegender, sich damit abzufinden, dass dies nun die Situation ist, in der man sich bis in alle Ewigkeit befinden wird, egal wie schrecklich oder unangenehm sie auch sein mag, als sich nach möglichen Alternativen oder Umgestaltungsmöglichkeiten umzusehen. Die altbekannte Hölle erscheint immer noch verlockender als der fremde Himmel. Fühlt man sich ohnehin schon nicht sicher, wird man nun nicht auch noch eine für sich unbekannte Situation wählen. So schaut man also vom Boden seines Loches hinauf an die helle Oberfläche und hat nicht den Mut, die Stufen dorthin zu besteigen, weil das krampfhafte Suchen der eigenen Sicherheit einen davor warnt, sie in unbekannten Gefilden zu suchen. Denn auch wenn die jetzige Situation absolut nichts zu bieten hat, liegt doch ein gewisser Trost in allem, was bereits bekannt ist. Es ist erstaunlich, über wie viel das Nicht-fremd-sein hinwegtrösten kann. Und Trost ist bitter nötig in einer Situation, welche die immer gleichen wiederkehrenden Muster provoziert. Sich verloren zu fühlen, ohnmächtig, seine Situation zu ändern, ist ein Normalzustand des menschlichen Geistes in dieser Gesellschaft. Dieser bekommt davon nur nichts mit, solange er sich dabei nicht in einer inneren Notsituation befindet.

7

Gefühle

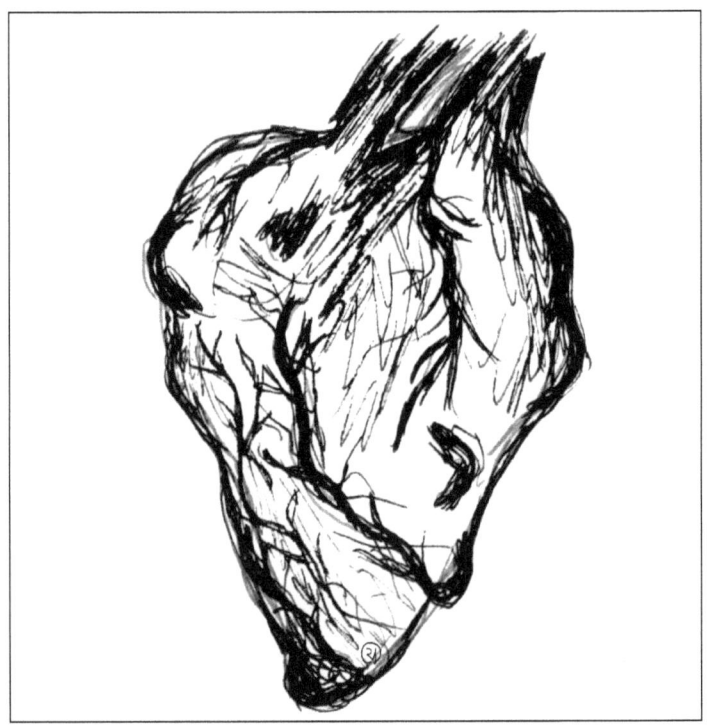

Ständige Begleiter des Lebens. Aber schon lange verpönt. Es gilt als erwachsen, intelligent oder schlichtweg als angenehm, so zu tun als hätte man sie nicht. Fehlen sie jedoch tatsächlich, ist es keins von alldem. Sie sollen das Erlebte erlebbar machen, Verbindung schaffen, zu sich und zu anderen, es einer Person ermöglichen, die richtigen Entscheidungen zu treffen, sich zu schützen und sie vertrauensfähig machen. Sie sind eine Grundfunktion. „Ohne Gefühle weiß auch unsere Vernunft nicht, wie sie das Gute vom Bösen unterscheiden soll."[3] Jeglicher Bösewicht ist entweder gänzlich ohne Gefühle oder wurde von ihnen in den Wahnsinn getrieben. Heutzutage werden sie allerdings ständig beansprucht, beeinflusst, manipuliert und abgerufen, sodass sie mehr als ein teures Accessoire gehandelt werden als ein selbstverständlicher Alltagsbegleiter. Wer es sich leisten kann, hat sie auch. Ohne einen angemessenen Preis schickt es sich nicht, sie zu zeigen; vor allem Kinder bekommen dies immer und immer wieder gesagt. Absolutes Stillschweigen über jegliches aufrichtige gefühlvolle Verhalten, um so seine Kontrolle über ebendiese Gefühle zu beweisen, das führt zu einer Gesellschaft, die absolut nichts mit ihnen anzufangen weiß, außer sie natürlich lukrativ zu vermarkten. Doch was soll das Individuum damit anfangen können? Auf der einen Seite findet es absolute Entfremdung von den wahrhaften und ehrlichen eigenen Emotionen, auf der anderen Seite konstante Bombardierung mit völlig überzogenen, karikativen Darstellungen extremer Mutationen derselben. Dazu noch die Einteilung in gute und schlechte Emotionen, in angemessene und unangemessene. Wenn der Mensch nicht mehr weiß, was er fühlen soll, darf und tut, wie soll er dann noch Gut von Böse unterscheiden können? Wie gut, dass er sich in einem System wiederfindet, das ihm auch diese Entscheidung abnimmt! Denn kaum etwas anderes wird als so gefährlich porträtiert wie das Gefühl. Hüten muss man sich vor ihm. Immer einen klaren Kopf bewahren. Wer sich in schwierigen Situationen von Gefühlen leiten lässt, tappt fast immer in die Falle. Wieso sollte man sich da überhaupt noch die Mühe machen, sie zu durchleben? Wäre das Leben nicht so viel einfacher, erfolgreicher und zielstrebiger ohne sie? Wohl eher nicht mehr lebenswert.

Sind Gefühle tatsächlich eine Grundfunktion des Lebens, so wird Leben unmöglich, nimmt man sie heraus. Eine Sache, die in irgendeinem ihrer Grundelemente zerbrochen oder defekt ist, wird sinnlos. Fühlen heißt leben. Wenn leiden sterben heißt, dann nur deswegen, weil der Leidende, des Leidens wegen, seine Fähigkeit zu fühlen aufgibt. Die Fähigkeit zu fühlen gibt man auf, um sich selbst zu schützen, vor den Leiden, die sie erzeugt, aber man gibt dadurch auch gleichermaßen das Leben auf. Doch was bleibt einem anderes übrig, wenn nichts sonst Linderung versprechen kann? Überhaupt das Einzige, was Linderung versprechen könnte, ist Mitgefühl, was aber sehr schwer zu kriegen ist, besonders wenn es aufrichtiges sein soll. Die Art von Mitgefühl, das einem nicht gönnerhaft von oben herab die Hand entgegenstreckt, um zu zeigen, in welch erbärmlichem Zustand man sich doch befindet, sondern jenes, das erwartungs- und bedingungslos zu einem hinabsteigt und sich neben einen in den Dreck setzt. Die Art von Mitleid, die bereit ist, mit einem zu leiden. Die Form des Daseins, die Leid gut genug kennt, um nicht nur dessen Opfer wirkungsvoll zu beklagen, sondern der es wirklich daran liegt, es zu eliminieren.

Angst

Ein Gefühl, ebenso rätselhaft wie Depressionen selbst, wenn auch alle Gefühle etwas Rätselhaftes und Geheimnisvolles in sich bergen. Sie scheint ein genereller Grundton des Lebens zu sein. Im sogenannten normalen und gesunden Zustand leiser tönend, je mehr anschwellend, desto hindernder wirkend. Doch letztendlich immer da. Jegliche Existenz fürchtet die Vernichtung. Alles Sein fürchtet das Nichts, somit auch alles, worüber nur wenig bekannt ist. Dieses ungute Gefühl allem Neuen gegenüber ist pure Überlebensstrategie: Alles, was man kennt, kann man nur kennen, weil man es überlebt hat, es kennenzulernen. Also war der bisherige Weg sicher. Das heißt, abseits dieses bekannten Weges gibt es keinerlei Garantie, dass dieser ebenso sicher wäre. Alles dreht sich um das Gefühl der Sicherheit. Somit ist ein Mensch, der sich generell seiner selbst sicher ist, bereiter dafür, neue Wege zu gehen, als jemand, dem schon von Anfang an wenig Sicherheit geboten und vermittelt wurde und dem diese folglich fehlt. Der Mensch funktioniert nur, wenn er sich sicher fühlt. Sicherheit ist aber ein abstrakter Begriff und nicht generell festzulegen. Jeder besitzt gleichzeitig die Fähigkeit, sich in unsicheren Situationen sicher zu fühlen und sichere Situationen als gefährlich einzustufen. Übertriebene Selbstsicherheit und Selbstüberschätzung haben schon so manchen das Leben gekostet, wobei andere schon in gewöhnlichen Alltagssituationen die bösesten Horrorszenarien heimsuchen. Eben weil Angst ein so grundlegendes Erlebnis des Lebens ist, ist sie tief in der Person verankert. Sie kann dieser bereits erlebte Ereignisse wieder eins zu eins erlebbar machen und somit die Vergangenheit zurück in die Gegenwart holen, um sie daran zu erinnern, welcher Teil des ihr bekannten Weges doch nicht so sicher gewesen ist, und sie daran zweifeln lassen, dass bis hierhin wirklich noch mal alles gut gegangen ist, auch wenn sie immer noch am Leben ist. So etwas nennt man wohl Trauma. Denn was wäre denn eine Erinnerung an solch ein Erlebnis, hätte sie nichts mit Angst zu tun? Das objektive Betrachten einer in der Vergangenheit liegenden Situation, mehr nicht. Was wäre in diesem angstfreien Zustand das Problem einer traumatischen Erfahrung? Es läge Tage, Monate oder Jahre zurück, doch die Tatsache, dass das Individuum immer noch am Leben ist, wäre Grund genug dafür, diese als nicht weiterhin beachtenswerte Erinnerung wahrzunehmen. Doch mit der Angst kommen auch all die anderen Gefühle wieder, die man genau in diesem Moment erlebt hat. Die Angst verrät, dass der bisherige Lebensweg nicht unfehlbar, unzerstörbar und nicht immer gen Licht verlief. Sie öffnet einem durch dieses Ereignis die Augen dafür, dass man nicht wissen kann, was als Nächstes kommen wird und stellt das Selbst somit seiner tiefsten Grundangst direkt entgegen: dem Unbekannten. Schutz- und wehrlos zeichnet sich das eigene Bild darauf ab. Ausweglos sind die Bahnen, auf denen es einen in sich hineinführt. Schon lange ist die Angst eher verpönt und wird als Schwäche angesehen; so wurde sie auch zur Meisterin der Tarnung. Aus der Hüterin des Überlebens wurde die Schirmherrin jeglichen negativen Verhaltens. Denn sie sucht sich immer einen Weg, sich auszudrücken. Sie signalisiert einen unsicheren Zustand des Individuums, welcher so schnell wie möglich, des Überlebens willen, umgekehrt werden muss. Somit ist es essenziell, auch das Umfeld jenes Individuums über dessen Zustand zu informieren, damit, so schnell wie es nur geht, die größtmögliche Sicherheit wieder gewährleistet werden kann. Bleibt der Angst aber eine Reaktion verwehrt, war der Sinn ihres Auftretens nicht erfüllt. Es war lediglich eine leere, nutz- und sinnlose Erscheinung ihrer selbst. Bestand ihre einzige Daseinsberechtigung aber darin, gehört zu werden, wird nun ihre schiere Existenz negiert, obwohl sie ein nicht zu leugnender Fakt ist. Die innere Not eines Menschen trennt sich hier deutlich von der Welt, die ihm entgegenblickt. Daraufhin trennt sich diese Not vollends von ihren Erwartungen an die Außenwelt und beginnt ihren Abstieg ins Innere des Menschen. Dies nennt sich Verzweiflung. Das Erkennen, alles getan zu haben, was in der eigenen Macht stand und trotzdem das nötige Ergebnis nirgends entdecken zu können. Das lässt den Menschen in einem Zustand von kompletter Isolation zurück. Die Schallwellen, die man in die Welt hinausschickte, verhallen ungehört und kommen nicht zurück. Orientierungslos bleibt man zurück und versinkt in der Frage: „Was soll ich tun?" Die einzige Antwort: sich den einzigen Menschen vorknöpfen, der einem noch bleibt: sich selbst. Denn der Zustand der Unsicherheit ist unter allen Umständen inakzeptabel, weshalb die Angst nicht aufhören kann, zu versuchen, sich Gehör zu verschaffen. Nun richtet sie sich dabei allerdings nach innen. Der Sendende selbst wird daher zum Empfänger dieser Gefahrenbotschaften, was ihn in einen noch unsichereren Zustand versetzt, was er jetzt natürlich sofort selbst signalisiert bekommt. Dies steigert sich, bis entweder die physische Ebene des Betroffenen versucht, ein Ventil für dieses Dilemma zu bieten, oder er der ständigen Ausnahmesituation müde wird, erkennt, dass er sich selbst eben auch nicht retten kann und es aufgibt, jene Notsignale überhaupt noch zu empfangen. So spukt die Angst unkontrolliert in seiner inneren Geisterstadt umher, mal hier, mal da, ohne Chance auf eine wirkliche Auseinandersetzung. Dadurch geht sein Vertrauen in die Welt und in die eigenen Fähigkeiten verloren, da niemand da draußen in der Lage war, seine Signale zu empfangen, und er selbst es nicht war, sie erfolgreich auszudrücken. Was diese Signale in erster Linie gesendet hat, also der gesuchten Hilfe bedurfte, bleibt daher in seiner derzeitigen Erscheinung zurück, solange ihm auch die Anerkennung seiner Angst verwehrt bleibt. Es besteht, konserviert von der eigenen Angst, unverändert. Die Angst möchte jedoch weiterhin gehört werden, verschwindet also niemals ganz und ist somit der beste Wegweiser zu jenem Signal-Sender, würde man ihn denn suchen wollen. Doch wozu sollte man dies tun, ist doch nirgends eine Möglichkeit der Auseinandersetzung in Sicht, da ja die dazu notwendige Ausdrucksmöglichkeit der Angst ohne Erfolg bleibt. Als eh schon grundlegende Funktion des Lebens vermischt sich die Angst nur noch mehr mit dem Innern einer Person, je mehr diese versucht, sie zu verdrängen. Und wird etwas ins Unterbewusstsein gedrängt, was eigentlich den Großteil der derzeitigen Erfahrung ausmacht, so kommt man schnell an den Punkt, sich mithilfe dessen zu identifizieren, da es eben ein so großer, aber nicht mehr bewusst wahrgenommener, Teil von einem ist. Denkt man nun, die Angst sei man selbst, überträgt man auch ihre Erlebnisse direkt auf sich und kann diese nicht mehr von den unmittelbaren Wahrnehmungen unterscheiden. Handelte es sich eben noch um eine Funktion, die, aufgrund ihres Nicht-wahrgenommen-werdens, leer, nutzlos, sinnlos und ohne jegliche Existenzberechtigung war, so wird plötzlich der Mensch selbst leer, nutzlos, sinnlos und berechtigungslos. Anstatt diese verfluchten Gefühle loszuwerden, verschmelzen sie mit ihrem Träger und bewahrheiten erst so ihren wirklichen Fluch. Getrennt von sich selbst lässt sich eben schwer sagen, was wirklich zu einem gehört.

Wut

Während Angst sich gerne langsam und unerkannt durch das Sein eines Menschen frisst, wird Wut oft durch heftiges äußeres Auftreten erkannt; zumindest wird solches Verhalten generell gerne als Wut bezeichnet. So gesehen kann sie das zerstörerischste Gefühl von allen sein. Das furchteinflößendste ist sie allemal. Ist von rasender Wut oder Anfällen die Rede, ist dies ein Zustand, in dem das Erlebnis der eigenen Emotion einer Person direkten Einfluss auf deren Umwelt hat. Kaum etwas anderes kann eine vergleichbar verheerende Wirkung auf ein anderes, eigentlich unbeteiligtes Individuum haben. Die Erfahrung dessen ist nirgends so eindrucksvoll und verstörend angsteinflößend wie im Kindesalter. Ein es in Wellen überrollendes tiefes Unbehagen, der Moment, in dem ihm der Boden der Sicherheit mit einem Ruck unter den Füßen weggerissen wird, dieses Gefühl des Ausgeliefertseins, das Unverständnis darüber, warum es diesen Moment überhaupt gezwungen wird, mitzuerleben und die schiere Angst, die, physisch spürbar, bis in seine Knochen hineinsickert. Das pure Bezeugen von Wut kann vieles in einem jungen Leben verändern. Und alles, was dabei übrig bleibt, ist die Gewissheit, selbst nie und nimmer an solch einer Situation jemals wieder teilhaben zu wollen, schon gar nicht als Verursacher. Und doch wird in genau diesen Momenten die Saat des Grolls in den Menschen hineingelegt. In diesem Moment wurde dem unfreiwilligen Zeugen eine große Ungerechtigkeit zuteil, denn in Situationen, in denen sich Wut blind über alles ihr im Weg Stehende ergießt, zählt nichts anderes als die Person, von der diese ausgeht. Alle Aufmerksamkeit und Lebensenergie hat sich auf dieses eine Individuum zu konzentrieren. Für nichts und niemand anderen ist mehr Platz. Das wird von jedem Anwesenden als Ungerechtigkeit aufgenommen. Dabei ist Wut so viel mehr als nur ihre unheimliche Manifestation. „Wut ist die Energie, die Mutter Natur uns als kleinen Kindern verleiht, um für uns selbst einstehen und sagen zu können: ‚Ich bin wichtig.'"[4] Während also eine Person den verzweifelten Versuch unternimmt, ihre eigene Wichtigkeit kundzutun, verwehrt sie gleichzeitig jeder anderen an dieser Situation beteiligten Person das Zugeständnis von deren Wichtigkeit. Niemand könnte jemals aus gutem Grund eine existierende Sache über eine andere stellen. Jede Existenz hat, aufgrund eben ihres Existentseins, dasselbe Recht auf Sein, und damit dieselbe Wichtigkeit. Wird irgendetwas als weniger wichtig betrachtet oder dargestellt, ist dies immer Ungerechtigkeit. Und eben diese Ungerechtigkeit verankert sich tief in der Seele des Betroffenen, da sie die Angst vor dem Nichtsein anspricht. Überfordert mit der Konfrontation dieser größten Urangst und der von ausgesprochen negativen Emotionen können diese in den wenigsten Fällen verarbeitet werden. Stattdessen setzen sie sich fest und führen folglich in der Zukunft zu denselben negativen Reaktionen. Daher der schöne Satz „Ich wollte nie wie ... werden", den man von jedem zu hören bekommt, der sich in einem Moment der Selbstreflexion vor sich selbst erschrocken hat. Dabei ist die Einschätzung des Grades der Bedrohlichkeit jener Situation auch hier nicht generell festzulegen. Es kommt auf die individuelle Erfahrung des Individuums an. Zudem machen nicht nur die Dinge Angst, welche sich unmittelbar vor den eigenen Augen abspielen. Häufig sind es jene Fragmente der Geschehnisse, die weniger physischen Einfluss auf den Bezeugenden hatten, welche einen in der danach kommenden Zeit anfangen werden zu tyrannisieren, und mehr die, welche einen auf seltsame Weise unerfüllt und überrascht auf diese zurückblicken lassen. Es scheint, als wünsche sich der Betroffene fast bestimmte Dinge, vor denen er sich in jener Situation am meisten fürchtete, weil er sich bereits im Kopf ausmalte, sie wären passiert. Ein rein passives Miterleben von rasender Wut, ohne dass diese in physischer Form auf den Betrachtenden überspringt, kann tiefere Narben ziehen als wenn sich die vor dessen Augen offenbarende Spannung tätig an ihm entladen hätte. Die für den Betroffenen schwer zu begreifende Schuld und Scham, zu viel erduldet haben zu müssen und doch nicht das abbekommen zu haben, was man der Situation entsprechend verdient hätte, vermischt sich mit der über allem liegenden Angst zu einem Giftcocktail der Extraklasse. Man erleidet in dieser Situation so viel Ungerechtigkeit und bekommt trotzdem nicht das ab, was einem scheinbar zusteht. All das lässt sich kaum fassen, geschweige denn mitteilen. Wie sollte ein Mensch solche Gefühle je gegenüber einem anderen erfolgreich ausdrücken können? Dafür gibt es weder Mittel noch Wege. So keimt der Samen der Wut auf, in diesem Sumpf der brodelnden Angst und Verzweiflung. Was eine Person erfolglos versucht hat auszudrücken, manifestiert sich nun auch in denen, welche diese Attacken getroffen hat. „Ich fühle mich unwichtig und niemanden interessiert es." Auch hinter dieser Aussage steht die Angst vor dem Nichts, weshalb sie niemals müde werden kann, zu versuchen, sich auszudrücken. So setzt die Wut ihren Weg fort, wie ein Virus, sich von einem zum Nächsten übertragend, und fordert dabei stets den immer selben Tribut: den Glauben an die Fragilität der eigenen Grenzen. Um für sich selbst einstehen zu können, muss man seine Grenzen kennen und sich ihrer bewusst sein. Das ist leichter als sich das der moderne Mensch vielleicht vorstellen mag. Schon von Anfang an ist er sich vielleicht nicht seiner eigenen, jedoch der Grenzen anderer in Bezug auf sich selbst sehr wohl bewusst. Das plötzliche Einbrechen anderer Personen in diese Grenzen, die Ungerechtigkeit gegen sich, zeigt ihm auf erschreckende Weise, dass nicht einmal seine persönlichen Grenzen auf festem Fundament stehen in dieser Welt. Dass die Welt da draußen kein sicherer Ort ist, mag, bis zu einem gewissen Punkt, noch aushaltbar sein. Rückt diese Unsicherheit aber in Form von Ungerechtigkeit so nah an einen heran, dass sie sogar den Vorhang zwischen ihm und der Außenwelt zu überwinden vermag, scheint auf einmal nichts mehr sicher zu sein. Die Fähigkeit, als eine Einheit immer hinter sich zu stehen, verliert ihre Selbstverständlichkeit. Nun ist es tatsächlich möglich, sich selbst zu hinterfragen, kritisch zu begutachten und abwertend zu verurteilen. Ist dieses Band der eigenen Grenzen erst einmal durchschnitten, hat das Selbst auch nicht mehr die unbedingte Pflicht, sich an sie zu halten. Die Wut über jene, die es schafften, diese uneinnehmbare Festung zu überwinden, mutiert zur Wut über sich selbst, dieses nicht verhindert haben zu können. Das Vertrauen in die eigenen Fähigkeiten ist erschüttert und schier unmöglich wieder aufzubauen. Denn geht etwas Unzerstörbares zu Bruch, wer hat da noch den Mut, es wieder zusammenzusetzen?

Trauer

Die vermutlich mit Depressionen am meisten in Verbindung gebrachte Emotion. Vielleicht weil sie die am einfachsten zu fühlende ist. Solange nicht als Selbstmitleid deklariert, von der Gesellschaft respektiert und mit Nachsicht betrachtet, erscheint sie als ein Gefühl, für das man sich am wenigsten schämen muss. Sie beschreibt einen Verlust und den damit verbundenen Schmerz. Besonders, wenn es sich bei jenem Verlust um einen anderen Menschen handelt, wird sich stets um ihre Würde bemüht. Sie ist also nicht nur das richtige Werkzeug, um den Verlust der Verbindung zum eigenen Ich, wie zu allem anderen, zu verarbeiten, sondern auch jenes Seelenmanöver, welches sich am wenigsten zu verstecken zu brauchen scheint. Traurigkeit legitimiert die Negation von Konversation. Gleichzeitig beschäftigt sie sich auf eine Weise mit dem inneren Problem, ohne es ändern oder angehen zu müssen. Sie muss sich nicht unbedingt ausdrücken. Sie hat die tatsächliche Fähigkeit, eine wirkliche Leere in ihren Träger hineinzufressen. Traurigkeit ist das vermutlich gewalttätigste Passive auf dieser Welt. Deshalb ist es auch so schwer, richtig mit ihr umzugehen. Denn nicht beachtet, vergeht auch sie natürlich nicht, aber genauso wenig verändert sie sich und ihre Art zu wirken. Sie bleibt, was sie ist, repräsentiert, was sie herbeigerufen hat und drängt sich nicht auf, sondern nimmt jeglicher anderen inneren Windung den Glanz. Sie ruht in sich, wie in ihrem Träger, denn sie ist eine Reaktion auf das bereits vergangene Geschehen, was sie als absolute Vergangenheit darstellt. Sie hatte nie die Absicht, den Lauf der Dinge zu verändern; sie existiert, um diese zu beweinen. Ihr Fokus liegt ausschließlich auf der eigenen Person und ihrem derzeitigen Zustand. Und da sie kein Interesse daran hat, diesen zu ändern, lässt sie ihren Träger denken, dass dieser, von nun an und für immer, permanent immer gleich sein wird. Kapitulation ist ihr liebstes Kind. Von Hoffnung verlassen hat sie einen desillusionierten Blick auf die Welt, nur dass er, was die Zukunft betrifft, im Pessimismus versinkt. Sie ist es, die keine Rettung aus ihrer ausweglosen Lage sucht, sondern wirkliches Mitleid fordert. Denn sie entwaffnet und transzendiert jede noch so gute Intention. Sie ist ein gnadenloser Geiselnehmer. Clevere Verhandlung ist gefragt. Die richtigen Argumente müssen zum richtigen Zeitpunkt und von der richtigen Quelle kommen. Und selbst die Stärksten haben keine Garantie, an ihrer Hoffnungslosigkeit vorbeizukommen. Denn ungleich zu Angst und Wut beinhaltet sie keinerlei Kampfgeist, sondern resignierende Akzeptanz. Sie ist die stumme Zeugin von Verlust, hat die kühnen, objektiven Augen einer Beobachterin und sieht sich als eben diese nicht in der Lage, einzuschreiten. Sie stellt sich der durch jenen Verlust entstandenen Leere direkt gegenüber und wird nicht müde, sie anzuschauen. Das tiefe Bewusstsein von dem, was einst war oder sein sollte, befeuert ihren brennenden Schmerz, mit dem sie versucht, das Verlorene festzuhalten. Und festhalten tut sie es mit aller Kraft, denn Loslassen würde Entwicklung ermöglichen und Veränderung veranlassen, was ihren Zustand zunichtemachen und so ihren Tod bedeuten würde. Traurigkeit lebt von dem Erfahren der Leere, worin gleichermaßen ihre Kraft liegt. Ergreift ein Mensch den Mut, sich, mit seinem ganzen bewussten Sein, dieser Leere zu stellen, macht es ihn entweder verrückt, oder es gewährt ihm einen Blick, der tiefer geht in alles, was ist, auf eine Art, wie nichts anderes es ihm je zeigen könnte. Traurigkeit kann viel Weisheit verbergen und fordert einen durch ihren festen Griff dazu auf, diese in ihr zu suchen. Dinge, die man vielleicht niemals für möglich gehalten hätte, oder die man sein gesamtes Leben lang geleugnet hat, schauen einem aus ihr auf Augenhöhe entgegen. Denn kommt man mit ihrer Resignation und Hoffnungslosigkeit in Berührung, verlieren alle Dinge ihren Sinn, und somit auch ihre Macht. Das eigene Ego und jeglicher Stolz schmelzen dahin in der Gegenwart dieses brennenden Schmerzes. Im Angesicht der endlosen Leere, die sich direkt vor den Augen entfaltet, schließt man diese lieber, um nicht in das gnadenlose Nichts zu starren. Doch wer sie wieder öffnet, wird vielleicht zum allererstem Mal in seinem Leben wirklich sehen. Die sonst so lauten Stimmen der Welt um ihn herum und in ihm verklingen in der plötzlich so klar klingenden Melodie des Abgrundes. Genau hier, an der Kante des Sinnlosen, verbirgt sich ein Ort der Begegnung mit den eigenen innersten Erkenntnissen. Traurigkeit verlangt diese rückhaltlose Hingabe, um an diesen Ort zu gelangen. Lässt sie sich auf ihrem Weg dorthin vertrösten, verlässt sie ihren Träger, ohne ihn an ihr wirkliches Ziel gebracht zu haben. Folgt man aber dem Abwärtsstrudel des verzweifelten Erkennens, landet man schließlich dort, wo nichts mehr übrig ist: in den tiefsten Tiefen des eigenen Selbst, wo alles aus dem endlosen Nichts entsteht. War man verzweifelt genug, diesen Weg bis an sein Ende zu verfolgen, wird man einen Geist haben, der gebrochen genug dafür ist, neue Erkenntnisse und Wegmöglichkeiten in sich aufzunehmen. Hat die Seele den Zustand des Verlorenseins verinnerlicht, kann sie fortschreiten mit der Gewissheit, selbst in ihrer Fragilität mutig und entschlossen den ungewissen Weg fortfahren zu können, da sie sogar – nein, gerade im – Zustand ihres Gebrochenseins keiner endlosen Vernichtung unterliegen muss. In ihrer Verletzbarkeit wurde sie sich ihrer Unsterblichkeit bewusst. Denn darin liegt der wahre Sieg: nicht im Besiegen eines Feindes, sondern im Transzendieren dessen, was einen negativen Einfluss auf das eigene Sein hat. Wahre Traurigkeit gibt sich also hin als Märtyrerin, um einen, durch ihren Zustand des Stillstandes, zu wahrem innerem Fortschritt zu bewegen. Sie hält fest, im eisernen Griff des Schmerzes, bis man den grausamen Weg bis ganz ans Ende gegangen ist, um einen, gebrochen und wieder zum Ganzen auferstanden, in die Transformation seiner Seele zu entlassen. „Denn etwas in dir stirbt, wenn du das Unaushaltbare aushalten musst, und nur in dieser finsteren Nacht der Seele wirst du darauf vorbereitet, zu sehen, wie Gott es sieht, und zu lieben, wie Gott liebt."[5] Verlust beschreibt nun nicht mehr nur die endgültige Abwesenheit einer Sache oder Persönlichkeit, sondern den Prozess, der Raum gibt für Neues. Kein Wunder also, dass dieser so schrecklich schmerzlich ist für ein Geschöpf, das sich nur innerhalb des ihm Vertrauten in Sicherheit wiegt. Man denkt, man wüsste, was das Beste für einen ist und traut diese Fähigkeit kaum jemand anderem zu. Doch beweist Traurigkeit, dass sich die eigenen Wege folglich immer nur im Kreis bewegen würden, entspräche diese Ansicht der Wahrheit. So nimmt sie, was man sich als sicher versprach, um einen in neue Bahnen zu zwingen. Ihr Ziel dabei ist nichts Geringeres als die Unmöglichkeit: das Vertrauen des Selbst in das Ungewisse. Die Auseinandersetzung des Materiellen mit dem Unendlichen. Das Erkennen des endlichen Seins im unendlichen Nichtsein. Der Weg zur wahren Glückseligkeit kann an Traurigkeit nicht vorbeiführen. Denn Glück beschreibt den Zustand des Seins, das das eigene Sein erlebt. Und es braucht heutzutage eine gehörige Portion Traurigkeit, um den Blick eines Menschen überhaupt erst wieder auf das Angesicht des eigenen Seins zu lenken.

Liebe

Oft als Gefühl missverstanden. Doch Liebe ist keine Emotion, sondern treibende Kraft hinter allem, was ist. Sie ist universal, unglaublich facettenreich und erscheint in millionenfach verschiedenen Ausführungen. Sie ist der Inbegriff einer wechselseitigen Beziehung. Liebe ist Aufgeben, in der Hoffnung und Zuversicht derselbigen Wiederherstellung in dem Geliebten. Sie schenkt Leben und fordert ungeheure Opfer. Sie entwaffnet einen gegenüber denjenigen, gegen die man nie vorhatte jemals zu streiten und lässt einen damit mit der Unsicherheit über die Notwendigkeit und den eigenen Motiven bezüglich dieser Waffen zurück. Das lässt einen die eigene Verwundbarkeit in voller Größe erkennen und erfahren. Denn die Liebe bekämpft nur das, was ihr widerstrebt. Innerhalb ihrer Mauern duldet sie keine feindliche Gesinnung, welche Verletzbarkeit am schnellsten aufdeckt. Liebe erzwingt jede Waffenruhe. Sie setzt Hingabe voraus. Sie baut auf dem Vertrauen auf, sich selbst in seinem Gegenüber wiederzuerkennen, sich selbst in anderer Form und den verschiedensten Farben zu sehen, um das Selbst so zu lehren, sich in einem anderen Licht zu erblicken und anzunehmen. Das Gegenüber wird zum Spiegelbild. Man freut sich über Dinge an ihm, die man selbst an sich mag, man bewundert Eigenschaften, von denen man weiß, dass man gerne über mehr von ihnen verfügen würde, und man ärgert sich über das, was einen an sich selbst frustriert. Auf der glatten Oberfläche einer anderen Person lässt sich das eigene Spiegelbild besser erkennen als auf den brausenden Wogen im eigenen Innern. Wie in allem wird die persönliche Sichtweise nicht nur auf die gesamte äußere Welt, sondern auch auf die Personen um einen herum übertragen. Man ist nicht in der Lage, Realität außerhalb seiner Wahrnehmung zu erleben. Schaut das Selbst in die Welt hinaus und ist sich über die eigenen Grundprinzipien, sowie die der in seiner Umwelt geltenden, im Klaren, ist es ihm ein aufregendes Abenteuer, sich dem Nervenkitzel hinzugeben, auf Entdeckungsreise in der Welt eines anderen zu gehen. Es kann sogar als erholsam wirken, die eigene Welt zeit- und stückweise hinter sich zu lassen. Doch ist einem das Betrachten der eigenen Erscheinung im Spiegel schon zu viel, hat man in keiner Weise die Kraft, sich dem Ich entgegenzustellen. Ist man zu müde von der eigenen Existenz, wünscht man sich jemanden, der einem beisteht und auf den man sich stützen kann. Doch in der Realität bedeutet dies, sich einzulassen auf jemanden, der einem noch fremder ist als man sich selbst. Sich ansehen zu müssen in einem Spiegel, der selbst jemand ist und der eigener Hingabe bedarf: ein Szenario, in dem es einem verwehrt bleibt, von seinen Waffen Gebrauch zu machen, wobei man es schon lange verlernt hat, sie nicht zu gebrauchen. Die eigene Zerrissenheit zeugt von einem Kampf, den man schon längst verloren hat und in welchem niemand von einem verlangen sollte, die Knie zu beugen, weil man bereits am Boden liegt. Vertrauen und Hingabe gegenüber egal wem ist ein gefährliches Terrain, sagt die Erfahrung. Zumindest ist das der Name, den man dieser Stimme gegeben hat. Vielmehr ist es die pure Angst, die aus einem spricht und die einen glauben lässt, sie wäre alle Erfahrung, die man je gemacht hat. Und die Angst legt ihre Waffen nicht nieder, niemals. Sie selbst ist eine Waffe, ein Werkzeug, um einen zu schützen, weil es sonst keiner getan hat. Wenn man bisher erfuhr, dass von jeglichem Gegenüber Gefahr ausgeht und diese einen in Situationen bringt, welche jene hilflos und ausweglos machen, hütet man sich zukünftig davor, sich jemals wieder in solch eine Situation zu bringen, oder man assoziiert mit jenen Situationen die Gefühle, die man anstatt dessen hätte fühlen sollen oder wollen, und akzeptiert auch in Zukunft vergleichbare Begebenheiten, da man sonst nichts Besseres kennt. Nichts davon hat etwas mit Hingabe zu tun, denn um sich hinzugeben muss man wissen, was man selbst zu geben hat. Sich selbst wiederzuerkennen setzt Selbsterkenntnis voraus. Diese Selbsterkenntnis ist meist einfach, denn sie zieht auch in den verzwicktesten Situationen noch an den Fäden des Bewusstseins. Genauso wie ein allgemeines Verständnis davon, was gut und böse, recht und unrecht ist, was sein sollte und nicht sein darf, von Anfang an in jede Person hineingelegt zu sein scheint, scheint auch die Erkenntnis davon, wer man ist, stets gefährlich nah. Um dieser Erkenntnis zu entfliehen, wird nach Ablenkung gesucht, die in dieser Welt nicht schwer zu finden ist. Komischerweise besteht diese Ablenkung darin, sich das vorzuzeigen, was man sich wünscht und wovor man in erster Linie davongelaufen ist: Selbsterfüllung. Jede Dienstleistung ist darauf abgezielt, einem etwas mit dem Versprechen zu verkaufen, dass es einen vollständiger machen wird. Nur wird, praktischerweise, nicht nur das Problem aufgezeigt, sondern auch die Art und Weise, wie man dieses Problem lösen muss und wie das richtige Endergebnis auszusehen hat. Jede Werbung ist darauf ausgelegt, dieses wohlige Gefühl des Einsseins mit sich selbst zu vermitteln, während nichts von dem darin Angepriesenen einen je dort hinführen könnte. Die Liebe zwingt einen, sich selbst zu betrachten, die angeeignete Vorstellung von Liebe bringt einen dazu, diese Betrachtung niemals aushalten zu können. Man muss sich erst selbst wiedererkennen, bevor man es in jemand anderem tun kann. Die wahre Liebe zu jemandem ist eigentlich nur ein Weg, sich selbst zu lieben, was heißt, man kann keinen anderen lieben ohne Selbstliebe. Denn ohne sie blickt einem auch in dem Gegenüber nur wieder das Monster entgegen, das einen jeden Morgen im Spiegel begrüßt. Heißt Liebe zu jemandem Aufgeben, in der Hoffnung und Zuversicht des Wiederfindens, so gilt dies auch für die Selbstliebe. Die eigene Idee von sich selbst zu verwerfen, um sich endlich das anschauen zu können, was wirklich vor und hinter den eigenen Augen liegt. Das Hinterfragen der Person, die man sein soll, zu der man erzogen wurde und die man sich wünscht zu sein. Den Mut, seine Waffen niederzulegen, um nicht mehr das zu bedrohen, was sich in der eigenen Angst schon bewahrheitet hat. Der eigenen Wahrheit ins Gesicht zu schauen. Denn ohne Wahrheit gibt es keine Liebe. Ohne sich selbst zu opfern, erkennt man nie, wer man wirklich ist. Und ohne das Vertrauen in die Verletzlichkeit, aufzuzeigen wo es noch an Liebe fehlt, gibt es keinen Weg, der einen zu seiner wahren inneren Stärke führt. Wenn Liebe Hingabe voraussetzt, muss man sich selbst hingeben und dazu bereit sein, das anzunehmen, was sich offenbaren wird. Die Ehrfurcht vor der Wahrheit muss dabei alles andere in den Schatten stellen. Wahrhaftigkeit heißt sich treu zu sein und Treue beweist Selbstständigkeit. Ist man nicht mehr auf die Schutzschilde seiner Emotionen angewiesen, kann man es sich erlauben, die Dinge nüchterner zu betrachten. Und vieles scheint dabei gänzlich entschärft, erlaubt einem einen tieferen Blick und schließlich die Möglichkeit des Verständnisses gegenüber sich selbst. Man kann sich dazu entscheiden, Dinge auf andere Weisen anzugehen, neue Wege ausprobieren und seine alten infrage stellen, weil man das Vertrauen in sich selbst hat, also frei von Angst geworden ist, und man bemüht sich folglich weiterhin um diese Freiheit, weil man weiß, wie es ist, diese nicht zu haben. Man respektiert das eigene Selbst, weil man es einst bekriegte und einen das um sein Selbst brachte. Liebe macht frei. Liebe schafft neue Möglichkeiten. Liebe heilt. Liebe erhöht die eigene Perspektive und transzendiert das Negative. Aus der Wahrheit entsprungener Liebe zu sich selbst erwächst die Fähigkeit, andere zu lieben und sich selbst zu verändern. Es beginnt alles mit einer Erkenntnis, welche in jenem Schicksal mündet, das von dem Umgang mit ihr diktiert wird.

Schmerz

Die Sache, die den Menschen dazu treibt, den Gefühlen zu entsagen. Gefühllos zu sein bedeutet auch, unfähig zu sein, diese zu durchleben. Manch einer friert den Zustand eines guten Gefühls ein, um sich immer an ihm erfreuen zu können und nicht mehr hinabsteigen zu müssen in das Tal der sogenannten negativen Gefühle. Aber durch diese Strategie beraubt er die Gefühle ihrer Funktionsfähigkeit. So vielfältig wie das Leben müssen auch die Gefühle des Lebenden sein. Steckt er fest, in welchem Gefühl auch immer, ist er nicht mehr in der Lage, auf die ihm gebotenen Lebenssituationen zu reagieren. Ein festgehaltenes Gefühl bleibt nicht, es verblasst und hinterlässt Gleichgültigkeit. Wer ein sehr einseitiges Erlebnis seiner Gefühlswelt erfährt, wird die ihm unbekannteren Gefühle sehr viel intensiver durchleben, was als durchaus unangenehm aufgenommen werden kann. Jemand, der meist negative Emotionen erlebt, kann bei der Erfahrung einer positiven diese gar nicht richtig annehmen, da ihre Anwesenheit mehr schmerzt durch die Gewissheit, dass dieser Zustand die Ausnahme darstellt. Genauso wirkt eine negative Emotion in einem überdurchschnittlich positiven Umfeld überfordernd und zerstörerisch, da die Erfahrung im richtigen Umgang mit ihr fehlt. Die Angst vor Gefühlen erzeugt ihrerseits Gefühle und führt einen dorthin, wo man eben nicht hinwollte: wo es schmerzt. Jedes Gefühl tut nur dann gut, wenn es richtig aufgenommen und verarbeitet wird. Unterdrückt man eines, dann aus Schmerz, der Angst liebstes Kind. Dieser scheint die eine Sache zu sein, mit der der Mensch nie gelernt hat, umzugehen. Er überfällt jedes Mal hinterrücks und niederschmetternd aufs Neue. Er ist eine unbezwingbare Macht, deren purer Gedanke schon Angst und Schrecken verbreitet. Doch was macht ihn so furchterregend? Denn im Grunde ist er doch jegliches Gefühl, das in seiner Intensität bis ins Unbequeme gesteigert wurde. Man benötigt ihn als Frühwarnsystem für Gefahr. Eine Empfindungsunfähigkeit, im körperlichen wie im seelischen Sinn, lässt einen verstümmelten Menschen zurück. Und doch ängstigt ihn nichts mehr als der Empfindung des Schmerzes ausgeliefert zu sein. „Der Schmerz ist ein furchtbarerer Herr als der Tod."[6] Vielleicht weil er die einzige Emotion ist, die in zwei Dimensionen erlebbar ist. Neben dem körperlichen Schmerz, dessen Aufgabe es ist, auf seine Ursache aufmerksam zu machen, um mögliche schwerwiegende Schäden zu vermeiden, gibt es noch den seelischen Schmerz, dessen Funktion dieselbe ist. Er ist also etwas, das von außen wie von innen auf einen einwirkt und somit eine beängstigende Übermacht demonstriert, denn man selbst kann nur von seinem eigenen Innern heraus etwas tun. Schmerzen lassen sich nicht kontrollieren, sie kontrollieren selbst. Sie sind die wahren Meister des Seins, gnadenlos, unberechenbar und unausweichlich. Man kann ihnen nicht entgehen. Man muss sich ihnen hingeben. Wenn alle anderen Warnungen in den Wind geschlagen wurden, sind sie die Wegweiser, welche einem den Pfad deuten zur Wurzel ihres Übels. Denn nur an ihrem Ursprung kann man sie bezwingen. Bei körperlichem Schmerz heißt die Lösung Abstand gewinnen von dem Schmerzverursacher. Bei seelischem jedoch muss man diesem folgen, je tiefer er sitzt, desto weiter hinein, bis mitten in sein düsteres Herz. Dieser Gegensatz macht ihn nur noch mehr verdächtig, denn scheint es nicht so, als wäre es sein Ziel, einen niederzuringen? Wie ein hungriges Biest befällt er seine Opfer und fängt an, sie bei lebendigem Leib zu zerfleischen. Niemals lässt er von ihnen ab, hat er sich einmal festgebissen. Feind und Freund zugleich, zieht er einen hinein, oder scheucht einen fort. Und dort, wo man ihn versteckt hält, begeht er die abscheulichsten Gräueltaten. Wie könnte man ihm je vertrauen? Indem man keine andere Wahl hat. Denn hat er jemanden einmal in der Hand, verlässt diesen alles andere. Nichts ist mehr von Bestand oder Wert, man ist bereit, alles zu tun, nur um ihn wieder loszuwerden. So ist er das Ass im Ärmel des Seins, das sich zu sich zu lotsen bemüht. Seine Existenz ist nicht das Problem, sondern das Missverständnis von ihm. Vernimmt man seine Lockrufe als Kriegsgeschrei, steht es schlecht um einen. Die fälschliche Annahme, dass nur das gute Leben lebenswert sei, verleitet einen dazu, vor allem zurückzuschrecken, was den Anschein einer Bedrohung darstellt. Doch die Sehnsucht sollte nicht sein, in einer stets positiv bleibenden Erfahrung zu verweilen, sondern die Stärke zu besitzen, alles erfahren zu können, was man zu durchleben hat. Bleibt man stets innerhalb der bekannten Grenzen, werden die Erfahrungen ebenfalls begrenzt bleiben. Zu erleben, was es heißt, über diese hinauszugehen, das Unangenehme zu erkunden und in ihm seine Grenzen zu erweitern, gibt einem die Kraft, selbiges auch in Zukunft tun zu können. Schmerzen zwingen einen zu seinem Glück. Sie halten dem Selbst den Spiegel vor, lassen einen zum ersten Mal erkennen, wer man wirklich ist und wer man vorgibt, zu sein. Sie offenbaren einem das, wozu man zu stolz, ängstlich oder verblendet ist, um es zuzugeben. Sie erteilen einem die eindrucksvollsten Lektionen und bringen einen weiter weg oder näher an sein Ziel als alles andere. Was wäre der Mensch ohne den Schmerz? Glücklich? Vermutlich eher das größte Monster, das man sich vorstellen kann. Wobei er dies mit ihm ohnehin auch schon ist. Denn er glaubt, ohne ihn leben zu können. So erfindet er die tollsten Gerätschaften und Vorgänge, um sich ihm zu entziehen und stürzt sich dadurch jubelnd in den Abgrund des Wahnsinns hinein. Glaubend, zu wissen, was für ein Ungetüm der Schmerz sei, erschafft er sich dieses erst, indem er anfängt, dessen Weisungen zu missachten. Je weiter er rennt, desto fester schließt sich der Griff, mit dem der Schmerz ihn festhält, und wohin er auch schaut, dort wird er ihn sehen. In allem, was ihn umgibt, schaut ihn die Fratze dessen an, was er versucht auszustechen, weil er sich ihm nicht stellt. Denn tut man dies, bedeutet das nicht umgehend das Ende, sondern meist erst den Anfang einer langen Reise. Nimmt man an, bei zunehmendem Schmerz in die falsche Richtung zu laufen, wird man nie die richtige finden. Mitten rein heißt der Weg. Der Angst entgegen. Der Panik zum Trotz. Den Instinkten widerstehend, und so die Kontrolle übernehmend. Genug erlitten habend, um tatsächlich dazu bereit zu sein, das Verlangte zu erfüllen, um endlich wahrhaft von seiner Herrschaft frei zu sein. Denn wird man den Schmerz nicht besiegen können, so wird man ihn anzunehmen wissen und hat dadurch auch ein

Stück von sich selbst wieder angenommen und zurückgewonnen. Kennt man seinen Schmerz, steht man in Verbindung mit dem, was die größte Kontrolle über einen ausübt und schließt man Frieden mit dem, schließt man Frieden mit sich.

8

Menschen und was zwischen ihnen liegt

„Wir sind eine Wohlstandsgesellschaft – eine
glückliche Gesellschaft sind wir nicht."
Richard Layar[17]

Da Depressionen eine Modifikation des tiefsten Innern sind und die Basisfunktionen des menschlichen Wesens beeinflussen, sind sie auch eine so unüberwindbare Hürde für Außenstehende. Der Depressive ist so sehr damit beschäftigt, den eigenen Kampf mit, und um, sich selbst nicht zu verlieren, dass er nicht mehr dazu in der Lage ist, als Mensch zu funktionieren. Auf eine funktionierende Kommunikation sind Menschen aber angewiesen, da es ihnen nur so möglich ist, ihre eigene Realität anderen zu vermitteln. Man erlebt keine unmittelbare Realität, sondern eine sich ständig ändernde, gefilterte Version dieser. Man muss daher in der Lage sein, seine Erfahrung der Wirklichkeit erfolgreich wiederzugeben, sonst wird man in keinster Weise verstanden werden. Dass der Mensch sich alles – womöglich unnötig – kompliziert macht, wird meist als seine größte Errungenschaft angepriesen, doch ist es eben auch die Sache, welche sich ständig zwischen ihn und seinen Gegenüber stellt. Es ist eine ziemlich beunruhigende Entdeckung, dass die eigene Realität nichts Absolutes ist und sie sich unter gewissen Einflüssen zu verändern vermag; dass man selbst es sogar in der Hand hat, dieses zu tun. Für jemanden, der nur auf Sicherheit aus zu sein scheint, ein Albtraumszenario. Die einfache Lösung: dankend annehmen, was einem als die absolute Wahrheit präsentiert wird und dass die Art und Weise, wie man diese Informationen aufnimmt, die einzig richtige ist. So erschafft man sich nach wie vor einen sicheren Ort, an dem alles seine Ordnung hat. Gefährlich wird es allerdings, wenn man jemandem begegnet, der nicht alle der eigenen Ansichten teilt. Das würde nämlich bedeuten, dass diese Person eine andere Sichtweise auf die Realität hat, also die Dinge anders wahrnimmt als man selbst. Das erschüttert die eigene kleine Konstruktion und lässt einen daran zweifeln, ob diese wirklich des eigenen bedingungslosen Vertrauens würdig ist. Um dieses blinde Vertrauen zu schützen, muss man sein Gegenüber von seiner Sichtweise der Dinge überzeugen, koste es, was es wolle. Weder Blut noch Freundschaft widerstehen dem Drang, die eigene Welt am Leben zu erhalten, um sie nicht einreißen und eine neue aufbauen zu müssen. So treffen täglich Welten aufeinander, um sich aneinander zu messen und zu testen, welche das stärkere Fundament besitzt. Am Ende gehen beide Welten wieder auseinander mit dem Gefühl, die andere nicht von sich überzeugt zu haben, aber doch wenigstens die Angriffe der fremden Sichtweise mehr oder weniger unbeschadet überstanden zu haben; wenigstens so gut, dass man die eigene noch hatte retten können. Konversation wurde zur Konvention. Sieht so die normale Kommunikation aus, wirkt sie äußerst befremdlich, wenn man sie sich einmal von außen betrachtet. Ebenso befremdlich ist, dass sich diese Art der Verständigung auch innerhalb einer Person abspielen kann. Hat sich die Persönlichkeit in zwei Lager geteilt, wobei das eine an einer Sache festhält, um den anderen Teil davon zu überzeugen, wie wichtig sie sei, versucht zweiteres damit zu überzeugen, dass jene Sache nicht von Bedeutung sei. Beide Seiten haben ihre eigenen Vorstellungen davon, wie die Vergangenheit verlaufen ist, wie sie hätte verlaufen sollen, wie die Zukunft auszusehen hat und wie sie definitiv aussehen wird, wenn der jeweils andere Teil die Oberhand gewinnen sollte. Diese innere Auseinandersetzung baut auf dem natürlichen Vorgang des Menschen auf, sich ständig Gedanken um seine Vergangenheit, Zukunft, und manchmal auch Gegenwart, zu machen. Sind diese Gedanken ungesund oder gar krankhaft, ist diese schwer zu erkennen, insbesondere von dem Betroffenen selbst, da ihm der nötige Abstand zur Beurteilung der Situation fehlt und er unfähig ist, dies anderen mitzuteilen. Das Befremdliche wird zur Gewohnheit. Man gewöhnt sich so sehr an eine Krankheit, dass man sich vor dessen Heilung fürchtet. Die zerteilten Hälften des Seins wechseln sich damit ab, mal der Stärkere zu sein, doch sie sind nicht dazu in der Lage, sich gegenseitig anzuerkennen. Nur die speziell eigene Vorstellung vom Geschehen kann und soll die richtige sein. So steht sich das Selbst gegenüber, wie den Menschen, denen es begegnet. Und wissentlich von der Ausweglosigkeit dieser Situation scheint es wenig sinnvoll, auch noch andere von – vergleichsweise belanglosen – Dingen zu überzeugen zu versuchen. Denn sie alle werden Meinungen darüber haben, wie die Dinge für einen laufen sollten, dass es unbedingt eine traurige Tatsache zu sein hat, wenn sie dies nicht auf jene Art und Weise tun und was man überhaupt für Dinge wollen sollte. Doch niemand wird die innere Integrität dafür haben, einfach nur zuzuhören und die individuelle Erfahrung der Welt eines anderen verstehen zu wollen. Denn die Menschen haben Leben mit Überzeugung gleichgesetzt. Überzeugung speist die Maschine, die den Menschen vorantreibt. Ohne Selbstüberzeugung ist der Mensch nur ein Schatten seiner selbst. Das heißt: Ohne dass sich der Mensch selbst die Dinge glauben macht, verliert er das Wettrennen mit ... sich selbst? Denn wer sonst sollte würdig sein, in diesem Wettkampf gegen ihn zu streiten?! Er erbaut also diese Konstrukte in seiner eigenen Fantasie, um gegen sich zu wetteifern. Er baut sich all diese Maschinen und Waffen, weil er selbst sein größter Feind ist. Denn durch all diese Fassaden und Konstrukte verbaute er sich den Blick auf das, was schon von Anfang an da war. Er erzählte sich, dass er durch das tiefe Eindringen in seine Welt diese besser verstehen würde. Dabei lässt nur das Beobachten jemanden klarer sehen. Aber auch dies wurde in der Gesellschaft als ineffizient, kindisch, unwichtig, oder einfach zu langweilig verschrien. Denn jemand, der durch Beobachten mehr erkennt und somit findet, muss weniger durch extraordinäre Phantasmen kompensieren, und gerade diese werden in dieser Gesellschaft gefeiert wie sonst nichts. Zwischen dem Menschen und seiner natürlichen Art, sich mitzuteilen, steht also extrem viel, was vom Einzelnen hingenommen wird, obwohl er es immer noch als unbefriedigend empfindet. Für den, der sich diesen Verlust allerdings nicht leisten kann, sind die Auswirkungen um einiges dramatischer. Denn sie besiegeln seine Abgeschnittenheit zur Außenwelt. Gerade in Dingen, die er nicht von den Dächern brüllen möchte, braucht er einen Verbündeten, mit dem eine menschliche Kommunikation möglich ist. Aber das Misstrauen in die anderen Personen hat einen Schutzschild errichtet, durch den keinerlei Auseinandersetzung mehr möglich ist. Doch es bedarf an Auseinandersetzung, um die trüben Wasser zu klären und folglich wieder eine bessere Sicht zu haben. Leider setzt Auseinandersetzung Vertrauen voraus. Und davon hatten die Menschen noch nie besonders viel. Die grundsätzliche Annahme, dass das Gegenüber einem generell nichts Gutes will, mag, wieder einmal, Überlebensstrategie sein und wird, wieder einmal, durch Übertreibung, zur selbsterfüllenden Prophezeiung. Denn was anderes als Misstrauen kann Misstrauen hervorrufen? Dadurch, dass der Mensch diesen Wettstreit gegen sich selbst begann, musste er sein Konkurrenzdenken gegen sich auf ein neues Hoch treiben, um wettbewerbsfähig zu bleiben. Doch sieht man das Gesicht des eigenen Konkurrenten ungern im Spiegel. Also projiziert er dieses Wettkampf-Dilemma auf die Personen in seinem Umfeld. Aus dem ebenbürtigen Schicksalsbruder wird so der gegnerische Nichtsgönner. Jede Schwäche könnte ausgenutzt werden und so einen Nachteil bedeuten, jeder Fehler wird fatale Folgen haben. Dies widerspricht den grundsätzlichen Mustern, nach welchen Menschen wachsen. So werden die Starken stärker und die Fratze der anderen immer fieser. Wert wird darauf gelegt, wie überlegen man ist. Der Ranghöchste wird dadurch bestimmt, wer am überzeugendsten ist und den Wert der anderen Meinungen am stärksten unterdrücken kann. Die Männer an der Spitze sind keine Meister der Fähigkeiten, sondern der Manipulation. Von der Natur, über seine Mitmenschen, bis hin zu sich selbst: Alles muss kontrolliert und manipuliert werden, um der eigenen Vorstellung zu entsprechen, denn nur in der eigenen Welt kann man wirklich erfolgreich sein. Einen tiefen Graben zieht derjenige, der sich nach Erfüllung und Einheit sehnt und versucht, diese mithilfe der Strategien dieser Gesellschaft zu erzielen. Denn was hat diese Gesellschaft selbst für Ziele? Entschlossene Einheit? Persönliche Erfüllung? Individuelle Liberation? Kommunale Freiheit? Selbstbestimmung? In den scheiternden Anstrengungen, seinen eigenen Mangel mithilfe von gestellten Wegen und Mitteln zu beheben, sollte einem klar werden, dass sich die Philosophie des Systems grundsätzlich von der grundlegenden menschlichen unterscheidet. Doch diese Erkenntnis wird nur allzu oft überlagert von dem Schmerz, es nur doch wieder nicht geschafft zu haben, selbigen zu beseitigen und den daraus entstehenden Schuldzuweisungen gegenüber sich, anderen Menschen, dem Universum und Gott und der Welt. Das System kann es sich erlauben, seine menschenunwürdigen Strategien so offensichtlich darzulegen, dass es als selbstverständlich hingenommen wird und kommt, so gut wie immer, ungeschoren davon. Denn was ist der Einzelne denn schon imstande, zu tun ...? Gegen ein System, das ausschließlich in den Köpfen seiner Mitstreiter existiert und von den Vorstellungen derer lebt, es sei eine unbedingte Begebenheit der absoluten Realität, während es doch nur eine Sicherheit vermittelnde Methode ist, um sich selbst das Recht einzureden, alles und jeden zu seinem eigenen Fortschritt benutzen zu dürfen, wodurch man die Not kreiert, den Glauben an dieses System zu verfestigen, um an der eigenen erzwungenen Teilnahme desselbigen nicht irre zu werden und so den Drang, alles nach derselben Methode anzugehen, erzeugt, um selbst in diesem nicht unterzugehen ...

9

Der Wahnsinn

*„If it emerges as a consequence of the actions of love
and truth, then it is by definition good, regardless of
what you think at that moment."
(„Wenn es sich als eine Konsequenz von Liebe und
Wahrheit offenbart, ist es laut Definition gut, egal,
was du in diesem Moment denkst.")
Jordan Peterson*

Der Mensch kreiert sich seine eigene Realität, weil er Angst davor hat, manipuliert zu werden. Er fürchtet sich vor seiner Hilflosigkeit, die ihm in seiner Außenwelt entgegentritt. So sucht er nach Dingen, die er kontrollieren kann. Eines davon: sein eigener Geist. Er möchte selbst entscheiden, woran er glaubt, was er will und wie er es erreichen möchte. Doch er kann innerhalb eines Systems nur die Art von Kontrolle zurückgewinnen, die ihm von jenem ermöglicht wird. Er kann nur die Freiheiten erfahren, die ihm innerhalb der gesetzten Grenzen geboten werden. Derjenige, welcher sich nach mehr Freiheit sehnt, schreckt vor den Gefahren der Welt außerhalb des gegebenen Systems nicht zurück und ist so auch für tatsächlich gefährlichere Wege offen. Denn wenn man seinem Umfeld nicht mehr trauen kann, wird die Grenze zwischen richtig und falsch etwas schwammig. Und erkennt man, dass es keinen Ausweg aus dieser misslichen Lage gibt, so sucht man wenigstens nach dem Gefühl der Geborgenheit der Kontrolle. Menschen, die scheinbar die Kontrolle über ihren Körper und Geist verloren haben, waren lediglich auf der Suche nach dieser. Gefühle sind ebenso wenig kontrollierbar wie das Leben selbst; sieht man sich aber dazu gezwungen, sie bezwingen zu müssen, so scheint die beste Lösung zu sein, sie komplett abzuschalten. Es bringt das Individuum selbst nicht an das ersehnte Ziel, aber zumindest wurde dadurch ein Stückchen Selbstkontrolle zurückerobert. Ein Problem wurde erkannt und die bestmögliche Lösung dafür gefunden und umgesetzt. Ein gänzlich banaler Ablauf der Dinge. Auf diese Weise werden allerdings Situationen, die in der Vergangenheit ungelöst blieben, durch ein bestimmtes Verhaltensmuster immer und immer wieder durchgespielt, um dem unbefriedigten Gefühl des Nicht-gelöst-seins nachgehen zu können. Was einst auf inakzeptable Weise passierte und nie aufgelöst wurde, muss im Nachhinein irgendwie unter Kontrolle gebracht werden. Wie das Gefühl der Manipulation. Wurde die Erfahrung gemacht, übergangen, nicht ernst genommen, oder benachteiligt worden zu sein, fixiert sich der Betroffene folglich auf den Bereich, den er als nur für sich selbst zugänglich entdeckt hat. Diesen zu dominieren ist die vielleicht erste Erfahrung von Autonomie, die er je erlebt hat. Und auch wenn der Weg, diesen Teil seiner selbst zu beherrschen, ihn schädigt und langsam umbringt, dem Gewohnheitstier Mensch ist seine eigene Kontrolle lieber als das eigene Leben, beziehungsweise ist ihm das eigene Leben ohne sie nicht mehr lebenswert. Die Sucht nach der wohligen Melancholie des gerade so weit über den eigenen Gefühlen Schwebens, dass sie nur einen schwachen Schatten auf der Seele hinterlassen, treibt so manchen von der Idee fort, was es heißt, ein Mensch zu sein. Ein Ding der Unmöglichkeit, als Außenstehender in solche Sphären einzudringen. Die Hilflosigkeit, Ohnmacht und Verzweiflung eines Helfenden schmerzen den Betroffenen wohl trotzdem noch, jedoch sind sie auch ein Beweismittel dafür, dass die eigene Kontrolle über etwas erlangt wurde. Hat man sich an einen Ort gebracht, an dem nur noch man selbst sich wirklich helfen kann, ist dies eine Machtdemonstration über das eigene Schicksal. Es war keine Krankheit oder böser Wille, der einen dorthin brachte, sondern natürliche menschliche Gesinnung, verstrickt in die unendlichen Komplikationen des eigenen Seins und dessen Verhältnis zu seinen Lebensumständen. Um denjenigen, der unter solchen Umständen lebt und keine Anzeichen dieser Komplikationen aufweist, sollte man wirklich besorgt sein. „Derselbe Mensch, der in den Kategorien einer entfremdeten Welt als gesund gilt, erscheint vom humanistischen Standpunkt aus als der am schwersten Erkrankte (...)."[19] Am Ende bekam derjenige, der aus der Lücke des Zwiespalts hinaus wollte, was er sich ersehnte: Kontrolle. Eine Art von Kontrolle, deren Gift langsam wirkt. Denn absolute Kontrolle heißt keinerlei Vertrauen und das macht einsam. Wohl gewiss, dass dies nicht das gewünschte Endszenario sein kann, fällt es trotzdem schwer, davon abzulassen, weil es doch irgendwie dem Ziel ähnlich genug sieht. Die komplette Bandbreite der Vision wurde nicht erfüllt, wohl aber einer ihrer sehr wichtigen Faktoren: Kontrolle. Man macht sich lieber selbst glauben, es sei schon immer so schwer gewesen, zu atmen, anstatt dass man sich eingesteht, in tiefen Gewässern zu treiben, ohne jemals Schwimmen gelernt zu haben. So macht sich ein Mensch selbst in dieser Situation noch die Illusion, dies sei ein sicherer Ort und es gäbe sonst keine anderen Optionen, um etwas Vergleichbares erleben zu können. Ein weiterer Grund für den Kontrollzwang des Menschen ist seine Unfähigkeit, etwas in seinem Bewusstsein zu haben, das nicht in seine Welt passt. Er ist geradezu davon getrieben, alles in Kategorien einzuordnen, seine gesamte Realität zu sortieren und in Listen festzuhalten. Nicht nur die Unendlichkeit treibt ihn in den Wahnsinn, sondern auch Gegensätze. Etwas, was es nicht geben sollte oder das so nicht funktionieren kann, eine Sache, die einfach nicht passieren hätte dürfen und Begebenheiten, die schlichtweg unerklärlich sind, sind Dinge, die ihn das Korsett um seinen Geist nur noch enger schnüren lassen. Schleicht sich die Erkenntnis einer dieser Sachen in sein Bewusstsein, muss er sich umgehend an die Dinge erinnern, die zu seinem Verständnis funktionieren. Die endlosen Abgründe des menschlichen Geistes tun sich auf, sobald jemand den einfachen Satz „Ich weiß es nicht" vermeiden will. Schwarz und Weiß. Gut und Böse. Damit kann und will sich der Geist beschäftigen. Doch läuft er Gefahr, auf eine Grauzone zuzusteuern, überschlägt er sich. Vermutlich einen Großteil seiner Zeit verbringt der Mensch damit, sich selbst von seiner Welt zu überzeugen. Denn innezuhalten und sich dem Unvereinbaren zu stellen bedeutet, wieder einmal, eine Gefahr für einen Teil seiner selbst. Denn etwas, was nicht seiner Vorstellung davon entspricht, kann er nicht vertrauen. Das eine sagen und das andere tun – nicht sehr vertrauenswürdig. Etwas fühlt sich anders an als es die Umstände eigentlich beschreiben – ein Warnsignal. Man kann, selbst nach längerer Zeit, kein Muster erkennen, nach dem etwas funktioniert, man wird daraus nicht schlau, es bleibt also ein Rätsel und somit unbekannt. Eine instabile Person in seiner Nähe zu haben ist etwas sehr Unangenehmes. Der heiße Atem des Nichteinschätzen-könnens klebt einem dabei ständig im Nacken. Man weiß nie, ob, und wann, man im Begriff ist, sich in Gefahr zu begeben. Das gilt genauso, wenn man nicht in der Lage ist, sich selbst einzuschätzen. Verändert sich die eigene emotionale Reaktion auf ein und dieselbe Situation von Mal zu Mal, weiß man nicht mehr, wie man sich und seinen Gefühlen vertrauen soll. Gehen einem absurde, gefährliche, oder verstörende Gedanken durch den Kopf, scheint es, als könne man sich nicht mehr auf seinen eigenen Geist verlassen, den Ort, der die eigene gesamte Wahrnehmung beinhaltet. Und was bleibt, wenn man sich nicht mehr vertrauen kann? Ist man unzufrieden mit sich selbst, erlebt man sich wie eine Person, die neben einem steht, um jede einzelne Bewegung zu analysieren und zu kritisieren. Jene Stimme im eigenen Kopf, die immer ganz genau weiß, wie die Dinge zu laufen haben und dass, in all seiner Unzufriedenheit, man selbst das Problem ist. Die Einheit des Ichs wird auf einmal zerteilt und man fällt Urteile über sich selbst, gnadenloser und vernichtender als es irgendjemand sonst je tun würde. Ein Wesen, dem es im Grunde doch eigentlich um seine Selbsterhaltung gehen sollte, wird zum Selbstzerstörer. Das Spiegel- wird zum Feindesbild. Manchmal so deutlich, dass man sich selbst gar nicht mehr darin zu erkennen vermag. Denn diese Feindschaft geht nicht auf pure Abneigung zurück, sondern erweist sich als eine Art Drang, etwas Notwendiges, oder zumindest Zweckerfüllendes. Geht die Fähigkeit, die erfahrene Realität in die eigene Welt einzuordnen, oder die Zweckmäßigkeit der erfahrenen Welt zu erkennen, verloren, fällt es leichter, zu glauben, man selbst wäre nicht in Ordnung, anstatt anzunehmen, die gesamte Welt wäre falsch. Denn sich selbst vermag man wenigstens zu ändern, doch einer allein kann nicht die ganze Welt verändern. So zielt das Selbst auf das, was vermeintlich mehr Hoffnung verspricht, und bringt sich damit in eine hoffnungslose Situation. Denn durch das Bekämpfen des eigenen Ichs wird die Aussicht auf die Welt auch nicht besser, ganz im Gegenteil, es bringt lediglich die eigene Schwäche noch mehr zum Vorschein. Nur das Selbst kann sich wieder ganz machen, doch erzeugt es durch den Kampf gegen die Welt, in Form des Kampfes gegen sich, nur noch mehr Zerrissenheit und einen umso düstereren Blick auf die Welt, dass es sich nun vollends aus den Augen verliert. „Wenn die Welt mir derart wehtut, dann muss ich es verdient haben", denkt es sich und ist in diesem Augenblick, bei aller Selbstbetrachtung, leider nicht in der Lage, auch diesen Satz aus einer anderen Perspektive zu sehen. Denn allein angesichts dieser Aussage ist klar, wer hier das Opfer und wer Täter ist. Doch man möchte sich nicht als Opfer wissen, denn Opfer sind hilflos. Man ringt um eine Perspektive, um einen Ausweg aus diesem Konflikt der Existenz. Da kann man es sich nicht leisten, sich als simples, unglückliches Individuum zu sehen. Das Unglück muss sich einen schon ausgesucht haben, so gäbe es wenigstens einen Grund dafür. Und wenn man ein schlechter Mensch ist, gibt einem das einen handfesten Gegenspieler, der einem immer zur Verfügung steht, der einem nicht entwischen kann und den man gut genug kennt, um jede seiner Schwächen ausnutzen zu können, denn seinen Gegner zu kennen ist eine enorm vorteilhafte Position. Die Welt bleibt also schlecht, aber nur weil man in ihr und der eigene Überbringer allen Unglücks ist. Doch muss man nicht gut sein, um sich schlecht zu fühlen? Bei dieser ganzen Misere leidet man immer weiter, aber der Wunsch in einem, die Dinge zu ändern und ein gutes Leben führen zu können, erstirbt einfach nicht. Das Sein schmerzt weiter unter dieser Schreckensherrschaft. Es ist eben nur eine Fassade, die den unlösbaren Schmerz durch einen nicht einfacheren abzulösen versucht. Denn wäre man selbst wirklich der Ursprung des Problems, bräuchte man diesen einfach nur zu eliminieren und die Welt wäre ein besserer Ort. Doch, was so ziemlich jede Hilfe anbietende Anlaufstelle nicht müde wird zu beteuern, ist man nicht allein, nicht die einzige Person, die diese Probleme hat und mit der eigenen Existenz und der Welt hadert. Diese Aussage ist nur alles andere als hilfreich, denn sie rückt die gesamte Sache nur wieder zurück in die Komplexität des Ganzen: Es hat also mit der Gesamtheit der Existenz zu tun und nicht nur mit meiner eigenen kleinen Welt. Die Auswirkungen, sowie die Ursprünge dieses Konflikts, kann man unmöglich hinter sich lassen, da sie überall sind. Einerseits kann das eigene Umfeld Mitschuld daran tragen, dass man nicht mit sich leben kann, und andererseits reichen solche Konflikte derart tief in das Sein hinein, dass sie vielleicht nie dazu bestimmt waren, komplett aufgeklärt zu werden. Vielleicht kommt es mehr auf die für sich günstigere Sichtweise an als auf die Regeln, wie es am Ende im Großen und Ganzen auszusehen hat, denn dieses wird für den Einzelnen eh nie erlebbar sein. Und doch hat die Natur der Gesamtheit Auswirkungen auf das Individuum, Gesinnungen werden spürbar, sobald Dinge in Bewegung gesetzt werden, egal wie gut versteckt sie sind, und die breite Masse wäre nichts ohne den Einzelnen. Gegensätze und Unerklärliches sind ständige Begleiter jeden Lebens, jeder Existenz. Sie sind unangenehm, doch ihre Vermeidung bringt erst ihre Zerstörungskraft zutage, die sie, ohne die Angst vor ihnen, vermutlich gar nicht hätten. Gegensätze nötigen den Menschen dazu, den Graustufen in seinem Kopf so nah wie möglich zu kommen. Sie lassen sich eben in keine Schubladen packen. Das Gefühl der Schwerelosigkeit, hängt man zwischen dem Schwarz-Weiß-Denken, muss man lernen auszuhalten, genauso wie den Gedanken, dass es auf die Frage von sich und seinem Verhältnis zur Welt keine einfache Antwort gibt. Sich der Flutwelle der Angst entgegenzustellen, um sie über sich zusammenbrechen zu spüren und zu erleben, was sie wirklich für eine Macht besitzt – und wichtiger: was sie wirklich beinhaltet und nicht nur vorgibt zu sein –, bewahrt einen vor dem Ausmaß ihrer potenziellen Schäden. Und zu erkennen, welche man sich selbst zufügen kann, und daraufhin bedachter mit sich und seiner Welt umzugehen, ist vermutlich besser als die Unwissenheit darüber. Somit ist nicht unbedingt der Abstieg in den Wahnsinn das Problem, sondern der Umgang damit. Definitiv ist der Umgang der Gesellschaft mit jenen, die sich am, oder im, Abgrund dessen befinden, das Problem. Denn solange sich der Kampf um den eigenen Verstand ausschließlich im Innern einer Person abspielt und keinerlei Auswirkungen auf die äußeren Beschaffenheiten und Fähigkeiten derer hat, wird sich niemand auch nur ansatzweise dafür interessieren. Die erfolgreiche Selbstzerstörung wird, von der Gesellschaft wie vom persönlichen Umfeld, gutgeheißen. Wagt die Person aber, ihr Bangen um das eigene Sein an die Öffentlichkeit zu tragen, oder ist das Leiden so groß geworden, dass es nicht mehr verborgen werden kann, werden umgehend Konsequenzen gezogen. Für sein Unglück oder seine Krankheit wird man bestraft. Erfolg und Sicherheit werden denen vorbehalten, die für die Zukunft einen Mehrwert versprechen. Und dies gilt nicht nur für die allgemeine, gesellschaftliche Ebene. Wahnsinn beschreibt das Außer-Kontrolle-geraten, eine sich immer tiefer in den Abgrund rotierende Bewegung, die unweigerlich in der Vernichtung enden wird. Ist die Not eines Menschen also so groß, dass seine Fassade anfängt, Risse zu bekommen und seine Vertuschungsversuche ins Leere laufen, ist niemand da, um den Fall dieser Person aufzuhalten. Aus persönlichem wird gesellschaftlicher Absturz. Die Tragödie, deren Ursache das große Leiden ist, führt ihre Arbeit ungehindert fort, unterstützt und angefeuert durch eine gnadenlose Erfolgsgesellschaft. Der innere Zerfall, begonnen durch die Erkenntnis, der Schutzlosigkeit tatsächlich ausgeliefert zu sein, manifestiert sich in physischer Form im Leben jener, die desillusioniert nach neuen Antworten suchen. Illusionen aber sind es, was diese Gesellschaft braucht. Für Menschen, die im Begriff sind, deutlicher zu sehen, hat sie nichts übrig, denn wer unterstützt schon seine eigenen Feinde? Und was anderes könnten diejenigen sein, die in einem reichen Land auf der Straße leben, die in einer Nation des Überflusses Hunger leiden, die in einem funktionierenden System defekte Ballastteile darstellen? Schon lange geht es nicht mehr um den Menschen, das Tier oder die Umwelt, sondern um ihre Funktionen und wie man sie gebrauchen kann. Und wie gesagt hat die Gesinnung der Gesamtheit Auswirkung auf das Individuum, ist es also für eine Gesellschaft, die sich in diesen Wahnsinn verrannt hat, ein Ding der Unmöglichkeit, vernünftige Personen hervorzubringen. Nicht der Mensch ist es, der in den vergangenen Jahrzehnten damit begann, seine eigene Lebensgrundlage radikal zu zerstören, sondern der moderne, westliche, zivilisierte Mensch begann den Weg seines eigenen Verderbens in einem derart großen Ausmaß, dass er ebenso alles, und jeden, der sonst noch auf diesem Planeten wandelt, in den Sog der Zerstörung drängte. Noch versucht er den Wahnsinn mit Wahnsinn zu überdecken, sich einzureden, was seiner Vorstellung entspricht, doch an der Realität wird er so nichts ändern können. Auch der Mensch von heute muss sich seinen Ängsten und seiner Vergangenheit stellen und bereit sein, Opfer zu bringen, um nicht unterzugehen. Einem jedem, der sich als Verlierer dieses Systems betrachtet, mag das vielleicht noch einleuchten, doch jene, welche diese Welt des Wahnsinns beherrschen, werden sie nicht kampflos aufgeben. Und doch unterscheidet sie nichts von denen, die gegen sie kämpfen. Im Grunde sind es dieselben fundamentalen menschlichen Bedürfnisse, die sich lediglich in ihrer Erscheinungsform voneinander unterscheiden. Der eine denkt, Glück und Erfüllung lägen auf dem Grund des Strudels, der andere vermutet das Licht jenseits der Oberfläche dieser unendlichen Tiefen, und beide wollen sie einfach nur dorthin gelangen. Aber solange die Meinung vorherrscht, man könne allein dieses Ziel erreichen und es wäre die glorreiche Aufgabe des Individuums, Mittel und Wege zu erfinden, um einige wenige Erwählte dorthin zu führen, wird wohl immer der Wahnsinn den Geist der Menschen beherrschen. Denn scheint es auch manchmal so, als könne er sich auf die breite Masse ausbreiten, ist doch der einsame Geist seine liebste Spielwiese. Dabei kann allein das Aussprechen seiner wahnwitzigen Ideen einen ungeheuer entmachtenden Effekt auf ihn haben. Die Waffe heißt Gemeinschaft. Keine, die sich aufgrund derselben Gesinnungen und Vorlieben aufbaut, sondern jene, welche die abgrundtief liegenden Seiten des Selbst miteinander verbindet und der Existenz des Seins einen völlig neuen Stellenwert verleiht. Wo die Grundidee des Seins sich völlig frei ausdrücken kann und die grundlegende Gemeinschaft endlich den Sieg erringt über alle Unterschiede, die man sich bisher so sehr bemühen musste, aufrechtzuerhalten. Dies ist der Ort, wo sich das Selbst wieder mit sich verbindet, und einen grundsoliden Raum schafft, in dem frische, stille Wasser liegen. Ein Ort, an dem es möglich ist, sich mit Dingen auseinanderzusetzen, an dem das Erleben von Krisen erst wirklich ermöglicht wird und diese so ihren wahrhaften Zweck entfalten können. Jene, die von der Unzufriedenheit der Menschen profitieren, machen sie glauben, es müsse alles perfekt sein, um wirklich glücklich sein zu können. Die Punkte des Glücks werden klar definiert vor einem ausgebreitet und täglich die Erinnerung an diese aufgefrischt. Auch nur einen dieser Punkte nicht erreicht zu haben, bedeutet Versagen und keine Chance auf wahre Glückseligkeit. Um diese Scham zu lindern, werden einem zahllose Ersatzprodukte angeboten, die selbstverständlich dazu da sind, einem das Leben zu erleichtern und besser zu machen. Die Jagd nach Perfektion hält einen in diesem Hamsterrad gefangen. Denn Perfektion ist, was den Menschen schon immer zu faszinieren schien. Doch was hätte er je von ihr? Ein neues Spielzeug, das er kaputt machen kann? Er braucht eine Gemeinschaft, in der er sich ausprobieren, mitteilen und aufopfern kann. Es geht nicht darum, so wenig Ballast wie möglich zu tragen, sondern so viel wie möglich davon zu teilen, denn dies ermutigt andere, es einem gleichzutun. Etwas von sich zu teilen und auszusprechen schafft Brücken, die Jagd nach Perfektion schafft Frust, Neid, Scham und Einsamkeit. Die hochgeschätztesten Dinge des Menschen werden dazu gebraucht, unbrauchbare Dinge in ihren Worten zu verpacken, nur um diese für den eigenen Vorteil an den Mann zu bringen. So werden wirklich wichtige Werte in ihrem Wortlaut verschlissen und zu alltäglichen Banalitäten abgewertet. Jedes noch so wahre Wort, tausendmal gehört, verliert seinen Sinn, wenn dessen Wirkung nie erfahren wurde. Durch die geschaffenen Umstände, in die man zwangsweise hineinwächst, findet man sich irgendwann Werte teilend wieder, von denen man sich bewusst war, sie niemals glauben zu können. Der Mensch will viele gute Vorsätze haben, aber durch das Überlebensspiel innerhalb eines Systems wird vieles gründlich verwaschen, und einiges sogar gänzlich auf links gedreht. Darunter eines der liebsten Worte des Menschen: Freiheit. Gleichgesetzt mit Grenzenlosigkeit. Doch sind diese beiden Dinge wirklich dasselbe? Grenzenlose Freiheit mag auf dem Papier ganz logisch zu betrachten sein, aber in der Wirklichkeit endet diese immer in den Ketten des Gefangenseins. Die echte Freiheit hat Grenzen. Sie hat Regeln, die man zu befolgen hat, um frei zu bleiben. Sie ist kein großer Hauptgewinn, den man am Ende eines halsbrecherischen Parcours feierlich überreicht bekommt. Sie beginnt in den kleinen Dingen und ist auch nur dort zu finden. Die wenigsten erleben den berühmten großen Sprung in sie hinein, im Normalfall wird sie schrittweise errungen. Und sie ist kein großer Goldtopf, den man in seinen Trophäenschrank stellt, sie ist etwas, das man tagtäglich pflegen und umsorgen muss. Das herangezüchtete Verlangen nach dem großen, göttlichen, perfekten Ding lässt einen nach nur einer ganz bestimmten Pfeife tanzen, während es den Glauben erzeugt, man wäre für alles andere zu faul, zu dumm oder dessen nicht würdig. Beschreibt man jemandem ein Pferd auf immer dieselbe absurde Art und Weise, wird dieser es nie erkennen, wenn tatsächlich eines vor ihm steht. Wer will denn schon Glück oder Freiheit, wenn man dafür arbeiten muss? Wer möchte denn schon um der Arbeit willen arbeiten, anstatt für das eine große Ziel, das dort so verheißungsvoll in der Ferne schimmert? Und wer macht sich die Mühe, nachzudenken, wird ihm doch alles Tag für Tag auf einem Silbertablett serviert? Während die eine Seite des Selbst bei dieser Scharade nie aufhört, sich nach dem zu sehnen, von dem sie weiß, dass sie es braucht, kann man der anderen tatsächlich glauben machen, sie bräuchte das, was sie nicht will. Diese komplett unterschiedlichen Ansichten, vereint in ein und demselben Bewusstsein, sind es, was dieses zu Fall bringt. Sei es durch ein System, in das man hineingeboren wurde, oder durch eines, welches man sich selbst aufgezwungen hat, oder durch Ersteres, welches man sich glauben macht, sich selbst auferlegt zu haben, weil es erträglicher ist, unter der eigenen Last zusammenzubrechen, anstatt unter der, die jemand anderes einem aufgebürdet hat. In allen Fällen mag man zwar untergehen, aber wenn man dies ohnehin schon tut, dann doch lieber unter den eigenen Voraussetzungen und aufgrund der eigenen Schuld. Der Stolz ist schon ein seltsames Ding. Wenn der Kontrollverlust allzu real wird, nimmt er die Zügel in die Hand, aber er ist und bleibt nur der unbeholfene Sidekick der Selbstbeherrschung. Getrieben von der Angst des nahenden Untergangs trotzt er ihm mit beeindruckender Kühnheit, nur um am Ende zu zeigen, dass er diesen lediglich hinauszögern, aber noch nie verhindern konnte. Der Wahnsinn der Welt überträgt sich also auf den Einzelnen, vermischt sich dort mit der eigenen Unfähigkeit des Denkens und verfestigt sich in den Überzeugungen und dem Stolz seines Trägers. Die Welt, das Denken, das Ego – eines davon muss sich verändern, um ihm zu entkommen.

10

Am Ende

„The truth is, once you learn how to die,
you learn how to live."
(„Die Wahrheit ist, wenn du gelernt hast, zu sterben,
lernst du, zu leben.")
Mitch Albom

Die Vorstellung, dass die eigene Realität lediglich im eigenen
Geist stattfindet, kann sehr angsteinflößend und verstörend
sein. Viele fühlen sich durch diesen Gedanken hintergangen,
als habe man ihnen die absolute und einzig wahre Wirklichkeit
geraubt. Doch das ist die Sichtweise einer Person, der es gefiel
in ihrer eigenen kleinen Wirklichkeit. Eine Realität, zufrieden-
stellend genug, um sie auf das gesamte Universum zu übertragen. Doch für jemanden, der unter seiner Vorstellung zu leiden
hat, kann dieser Gedanke etwas Beruhigendes und Befreiendes
haben. Sich selbst falsch eingeschätzt zu haben ist für manche
die rettende Nachricht, die sie gebraucht haben. Ein und derselbe Gedanke kann komplett entgegengesetzte Reaktionen hervorrufen, je nachdem, in welchem Umstand sich der Geist befindet. Ein Glas Wasser bedeutet für einen Verdurstenden die
letzte Rettung, für einen Ertrinkenden ist es nur ein schlechter Witz. So kann auch ein und dieselbe Aussage gänzlich unterschiedlich aufgenommen werden. „Ich kann nicht glauben,
dass ich immer noch am Leben bin" kann sowohl eine positive
wie auch eine negative Bedeutung haben, wobei selbst die Begriffe positiv und negativ unterschiedlich wahrgenommen werden können. Dabei schließen sich diese beiden Bedeutungen
nicht aus. Man kann gleichzeitig glücklich und traurig darüber
sein, noch am Leben zu sein. Genauso kann die Aussage „Ich

kann nicht glauben, es bis hierher geschafft zu haben" negativ und positiv sein. In ihr drückt sich, wenn nicht die Freude darüber, dann doch wenigstens die Anerkennung aus, es über einen bestimmten Punkt hinausgebracht zu haben, den man für unmöglich zu überschreiten gehalten hat. Abgesehen davon, ob es sich nun um eine positive oder negative Tatsache handelt, wurde etwas geschafft, das einst jenseits der eigenen Vorstellungskraft lag. Die subjektive Realität wurde also übertroffen, was die Möglichkeit bietet, den eigenen Geist zu erweitern. Handelt es sich bei jenen Szenarien allerdings um überwiegend negative Ereignisse, ist die Motivation hierzu nicht sonderlich groß. Von manchen Dingen möchte man lieber gar nicht wissen, dass man dazu in der Lage ist, sie zu vollbringen. Wurden diese Gedanken als eine Art motivierendes Mantra entwickelt, um sich selbst einzureden, es niemals in jene bestimmte Situation zu schaffen, erweist sich diese Form der Geisteserweiterung als äußerst schmerzvoll. Denn sie vermischt das Positive mit dem Negativen. Hat sich das abschreckende Zukunftsszenario zur Realität gewordenen Ernüchterung gewandelt, klärt allerdings auch das die bisherige Vorstellung der Realität. Der Geist ist nun frei, sich noch düsterere Zukunftsgedanken zu machen, aber es liegt genauso das Potenzial in ihm, sich wieder positiveren zuzuwenden. Genauso wenig wie die Freiheit ist auch Hoffnungslosigkeit nicht grenzenlos. Sie wird allgemein als Endstation formuliert, der Nullpunkt, von dem kein Weg mehr wegführt. Doch genau an diesem Punkt kann sich die begrenzte Vorstellungskraft des Menschen als Segen erweisen. Fast scheint es eine Art Meilenstein im Leben derer zu sein, die sich einmal der Hoffnungslosigkeit stellen mussten. Für die, die sie bisher noch nicht erfahren haben, ist sie nur schwer vorstellbar und wenn, dann als etwas Endgültiges und Unüberwindbares. Doch das, was dabei fast immer übersehen wird, ist, dass Hoffnungslosigkeit in Wirklichkeit niemals gewinnt. Auf dem einen oder dem anderen Wege findet jeder den seinen durch sie hindurch. Dabei kann sich der, welcher durch sie hindurchführt, als unendlich lang erweisen, weshalb irgendwann ein ständiger Kampf zwischen dem Positiven und Negativen entflammt. Die ständige Enttäuschung wird von der freudigen Erwartung des Kommenden gerade so lange eingedämmt, bis es zum nächsten Meilenstein geschafft wurde und das Spiel von Neuem beginnt. In diesem Fall erkennt womöglich der untere Teil des Bewusstseins zuerst, dass dieses Katz-und-Maus-Spiel schon lange keinen Sinn mehr ergibt. Aber die grausam treibende Macht der Hoffnung verleiht dem Leidenden doch immer wieder aufs Neue die Kraft, sich weiterzuschleppen. Schon bald schlurft er von einem Albtraum zum nächsten und zieht seine kraftlosen Glieder hinter sich her über den heißen Asphalt. Ob es sich dabei um seine wahren Albträume handelt oder um die Erfüllung seiner erträumten Sehnsüchte, die ihn aber niemals zu befriedigen vermögen, sei dahingestellt, das Ergebnis bleibt das gleiche. Ohne Atempause muss er von seinen letzten Reserven zehren und sind diese aufgebraucht, geht es trotzdem immer weiter. Dies ist die Situation eines Menschen, der einfach nicht begreifen will, zu was er wirklich imstande ist. Dass dieser Weg scheinbar nie ein Ende nimmt, ist Fluch und Segen zugleich. Denn wer kann schon sagen, ob in der nächsten Niederlage nicht endlich die Erkenntnis hervorbricht, welche die Ketten des Karussells sprengen wird? Doch solange es noch nicht so weit ist, wird es sich weiter und weiter drehen. Durch das eigene Ende hindurchzuschreiten muss jeder lernen, der einen echten Neuanfang sucht. Das Unmögliche möglich machen. Mit den eigenen Waffen schlagen, was ihn bisher zu Boden gedrückt hielt. Das Ende ist nur ein weiteres Konstrukt der eigenen Vorstellungskraft. Geht man darüber hinaus, muss sich auch der Geist dieser Erweiterung fügen. Es ist ein wahrhaft steiniger und zehrender Weg, doch ist „der nicht in die Welt zu passen scheint, immer nahe dran, sich selbst zu finden.“[15]. Denn was gibt einem die Kraft, immer wieder über dieses Ende hinauszugehen? Der Beweis dafür, dass es nicht das Ende war. Der Fakt, der die eigenen Gedanken Lügen straft. Die Erkenntnis, dass die eigene Vorstellung sehr wohl beweglich und formbar ist. Das steinerne Monument wurde gestürzt. Die erlösende Erfahrung, dass man doch nicht Gott über die eigene Existenz ist, gibt einem ironischerweise die Kraft und Möglichkeit, das zu erkennen und anzugehen, was in der eigenen Macht steht, und somit erschafft man die Möglichkeit, diese Dinge zu ändern. Denn trägt man plötzlich nicht mehr die gesamte Last der Welt auf den Schultern, lässt man sich dazu herab, sich den kleinen Dingen im Leben zuzuwenden. Hat man nichts mehr zu verlieren, was macht es dann noch aus, es einen weiteren Tag lang zu versuchen? Ist dies das Ende, wie viel schlimmer kann es dann noch werden? Und hat einen der eigene Geist dieses eine Mal betrogen, was war sonst noch eine Lüge? Dieser Moment zwischen Ende und Neuanfang gibt einem die Möglichkeit, alles ganz genau zu analysieren und aus einer anderen Perspektive zu betrachten. Die kurzweilige Euphorie über den überstandenen vermeintlichen Tod kann die Gelegenheit sein, das zu tun, wozu man vorher nicht in der Lage war. Das so gefürchtete und verteufelte Ende birgt in Wahrheit einen Haufen neuer Möglichkeiten. Es benötigt nur den letzten winzigen Funken Zuversicht und Hoffnung, um diese zu erkennen und den Mut, oder einfach nur die Scheißegal-Haltung, sie anzugehen. Und niemand vermag zu sagen, wo sich dieser Funke verbirgt und was ihn je löschen könnte, da er sich auch noch in dem allerletzten totgeglaubten Versteck zu offenbaren weiß.

11

Sein

Die Grundvoraussetzung der Existenz und doch schier unmöglich zu meistern. Nur Menschen, die ihr beinahe gesamtes Leben darauf fokussierten, es zu entschlüsseln, haben behauptet, ihm je nahe gekommen zu sein. Die vollkommene Einheit mit sich selbst und seiner Umwelt und die innerste Bejahung des Lebens. Das komplette Gegenteil von jenen, die ihr Leben und sich selbst verneinen. Das eine wiegt leicht, ist tatenlos und ruhig, das andere erdrückt durch die Schwere seiner Unnatürlichkeit, hetzt gnadenlos und ohne Unterlass. Es treibt seine Opfer an die Grenzen ihrer selbst und fordert diese dort ein. Wünscht sich jemand, sein Leben zu verlieren, sollte man ihn fragen, ob er seinem Leben oder seiner Situation entfliehen will. Ist man im Unreinen mit sich und seinen Umständen, ist es unmöglich, zu sein. Tausend verschiedene vorgezogene Komplikationen müssen darüber hinwegtäuschen, dass man unzufrieden ist. Die Gedanken kreisen um das, was man sich wünscht und zerschellen an der eigenen Realität. Auch nur ein Moment der Ruhe ist undenkbar in einer inakzeptablen Situation. „Es kann nicht sein", „Es darf nicht sein", sind die herrschenden Leitsätze in den Köpfen derer, die dies erleben. Dass es trotzdem so ist und man nichtsdestotrotz ist, ist unerträglich. Das Selbst widerspricht sich so sehr, dass es sich verneint. Doch diese Verneinung ist letztendlich nicht der entscheidende Punkt. „Weit entfernt Verneinung des Willens zu sein, ist dieser (der Selbstmord) ein Phänomen starker Bejahung des Willens. Denn die Verneinung hat ihr Wesen nicht darin, dass man die Leiden, sondern dass man die Genüsse des Lebens verabscheut. Der Selbstmörder will das Leben und ist bloß mit den Bedingungen unzufrieden, unter denen es ihm geworden. Daher gibt er keineswegs den Willen zum Leben auf, sondern bloß das Leben, indem er die einzelne Erscheinung zerstört. Er will das Leben, will des Leibes unbehindertes Dasein und Bejahung; aber die Verflechtung der Umstände lässt diese nicht zu, und ihm entsteht großes Leiden. Der Wille zum Leben selbst findet sich in dieser einzelnen Erscheinung so sehr gehemmt, dass er sein Streben nicht entfalten kann."[8] Um sein zu können, damit der Wille zum Leben sich in einem verwirklichen kann, benötigt man also eine Übereinstimmung mit sich und seinen Umständen. Das Leben an sich ist nicht das Problem, sollte diese Übereinstimmung nicht vorhanden sein, sondern dessen Erscheinungsform. Erscheint einem das eigene Leben so fern von dem, mit was man sich identifiziert, erkennt man es nicht einmal mehr als das eigene an. Und kann man nicht einmal mehr Teilnehmer des eigenen Lebens sein, so scheint es einem, als wäre man unfähig, an irgendetwas teilzunehmen. Man fällt in die Lücke, die zwischen dem, was man sich vorstellt, und dem, was man als seine Realität erkennt, entsteht. Dort sitzend kann man sich Tausend Gedanken darüber machen, wo man überall lieber sein würde und wie man dort seine Stärken zum Einsatz bringen könnte, doch fehlt einem die Brücke, die einen über den Abgrund leitet, wird man immer wieder in dieser Lücke landen. Dabei ist das ersehnte Ziel nicht das Problem, Träume sind selten Mangelware, sondern man selbst wird zum Problem, da man anscheinend nicht in der Lage ist, dorthin zu gelangen. Das vorherrschende Unverständnis darüber, in dieser miserablen Lage sein zu müssen und es einfach nicht besser hinzubekommen, wendet sich gegen das Selbst. Jegliche demotivierenden Kommentare, die man von anderen Menschen kennt, wenden sich nun direkt gegen das Individuum. Das ist das Los derer, die nicht von ihren Wünschen und Träumen ablassen können. Wäre das Problem der Enttäuschung das Wünschen, müsste man nur dieses aus der Rechnung streichen und die Gleichung wäre gelöst. Nun sind aber Wünsche keine abgekoppelten, externen Szenarien, die man zu seiner eigenen Belustigung im Kopf durchspielt, sie verkörpern etwas, das direkt mit dem eigenen Innern verbunden ist. Selten geht es wirklich um das, was man sich wünscht, sondern um die Gefühle, Persönlichkeiten und Umstände, welche man mit diesen Wünschen verbindet. Einen Wunsch aufgeben heißt also, sich etwas zu versagen, nach dem sich das Innere sehnt. Und diese innere Sehnsucht ist etwas Pures, Aufrichtiges, Echtes, Natürliches, Menschliches, gleich, welche Gestalt sie nach außen hin annimmt. Ist das Innere also stark genug, sich diese Sehnsucht zu bewahren, sieht sich aber nicht in der Lage, dorthin zu gelangen, muss es nach einem Grund suchen, der es ihm verwehrt. Und dieser Grund ist, in der Tat, das Selbst. Nur vermischt sich diese Erkenntnis allzu schnell mit den negativen Emotionen, die ein Mensch in Not mit Enttäuschung assoziiert. So wird man sich selbst ein Hassobjekt, anstelle fortzufahren, einen echten Ausweg zu suchen. Im Konflikt mit sich selbst kommt man sehr schnell auf den Pfad der Hoffnungslosigkeit. Das Selbst hält für sein Gegenüber stets mehr Hoffnung bereit als für sich. Vielleicht weil es sich selbst besser kennt als sein Gegenüber. So sitzt es nun da, in der Lücke zwischen Sehnsucht und Realität, und fängt an, sich selbst zu zerfleischen. Dabei müsste diese Situation nicht dramatischer sein als jede beliebige andere. Würde das Selbst seinen Wert in sich erkennen, müsste es diesen nicht von seiner Situation abhängig machen. Hätte das Individuum selbst einen eigenständigen Wert, wäre es weniger anfällig für die Begebenheiten in der Welt. Wäre das Leben lebenswert, einfach nur, weil es das Leben ist, müsste man nicht an die kuriosesten Orte reisen, um es dort zu suchen. Hätten sich die Menschen ein Umfeld geschaffen, das diese Werte als Wahrheit bewahrt, würden sie nicht in einer Epidemie der Unzufriedenheit versinken. Denn dort sitzen sie nun, unzufrieden und allein, und zerfleischen sich selbst. Der moderne Egoismus ist auf Selbstzerstörung ausgelegt. Wäre man aber tatsächlich nur an seinem eigenen Vorteil interessiert, würde man wissen, was Egoismus wirklich bedeutet. Wäre jeder Einzelne wirklich nur um sein eigenes Wohlbefinden besorgt, wäre diese Welt ein durchaus besserer Ort. Denn würde man dann nicht erkennen, dass man, für den eigenen Vorteil und sein Wohlbefinden, anderer bedarf? Würde man dann nicht sehen, dass die Welt, auf der man steht, so wie man sie sich gebaut, die einzige Lebensversicherung bedeutet, die man hat? Mit der Erkenntnis über die eigenen Bedürfnisse würde man zur Selbsterkenntnis gelangen, und diese würde einen sich selbst erkennen lassen, in allem, was einen umgibt. Egoismus wäre nichts Isolierendes, sondern etwas Verbindendes. Warum bewirkt aber Egoismus genau das Gegenteil in dieser Gesellschaft? Endet er in einem anderen Ziel, als sein natürlicher Verlauf es ihm vorgeben würde, muss er wohl umgelenkt worden sein ... Der wahre Egoismus zeigt also, dass das Selbst nicht allein existieren kann, sondern dass zu seinem Wohlergehen genauso viele Faktoren eine wichtige Rolle spielen wie sie es in der Natur tun. Wie Organismen und ihre Veränderungen miteinander verbunden sind, so ist auch das Innere verbunden, mit den inneren und äußeren Einflüssen, welche einem in den wenigsten Fällen vollständig bewusst werden.

Um in Verbindung mit etwas zu treten, muss man in der Lage sein, sich selbst darin zu erkennen. Um in Gemeinschaft zu treten, muss man zuerst die Gemeinschaft dessen, was vor einem liegt, anerkennen. Das Innere ist ständig auf der Suche nach sich selbst in dem Fremden, um sich darin vollständig entfalten zu können. Das Suchen und sich nach dort draußen zu begeben ist also seine Hauptaufgabe. Es benötigt diese Bejahung und Wiederfindung, um sich manifestieren zu können und immer gefestigter und selbstbewusster aufzutreten. Sich selbst zerfleischend in einer düsteren Lücke zu sitzen könnte nicht weiter von dieser Selbstfindung entfernt sein, auch wenn es einen guten Startpunkt für dieses Unternehmen darstellt. Denn nirgends sonst war das Bedürfnis, sich selbst zu bejahen, größer und das Selbst verzweifelter, sich wiederzufinden und zu manifestieren. Teile dessen wegzusperren und es zu limitieren dagegen rauben ihm jegliche Möglichkeit dazu. Auch die erlernten und automatisierten Überlebensstrategien erlauben das natürliche Auftreten des Selbst nicht, da dies, durch seine Verletzbarkeit, Gefahr bedeutet. Gefangen in Angst, Unsicherheit, Wut, Blindheit, Hass, Hoffnungslosigkeit und Enttäuschung bleibt ihm seine Manifestation verwehrt, und somit steht seine gesamte Existenz auf dem Spiel. Die immer wiederkehrende Enttäuschung, sich nicht in der Welt wiedergefunden zu haben, zehrt es langsam auf, da sie ihm den Glauben nimmt, jemals eine Verbindung mit ihr aufnehmen zu können. Jede Enttäuschung hält eine weitere Lücke zum Hineinstürzen bereit, da in ihr die innere Sehnsucht aufgegeben werden musste. Zudem kommt in ihr ganz konkret der sich selbst verantwortlich machende Gedanke zum Ausdruck, da der Zusammenhang zwischen dem ersehnten Wunsch und der Enttäuschung über sein Nichterreichen offensichtlich auf der Hand liegt. Die Enttäuschung sorgt dafür, dass man sich immer weniger Hoffnungen macht um sich vor weiteren Enttäuschungen zu schützen. Hoffnungslosigkeit stellt das Gefühl des Selbstschuld-seins zwar in den Schatten, legt dem Selbst jedoch dafür die Ketten an. Wird das Selbst getroffen von der Enttäuschung des Nicht-gefunden-werdens, bedeutet dies Zurückweisung und

Verneinung. Das Vertriebenwerden in Form von purem Fremd-
sein. Das Zurückgelassenwerden mit der Gewissheit, unwillkom-
men und unwichtig zu sein. Der Inbegriff von Einsamkeit liegt
in der Enttäuschung. Der Schmerz, sich selbst nicht genug zu
sein und der Beweis, anhand der eigenen Ideen nicht aus der Lücke herauszukommen, schieben deren Gittertür den Riegel vor.

Das Selbst verlangt also nach der Sicherheit, Zuversicht und
Liebe, sich ausdrücken zu können. Nur dadurch erlangt es die
Möglichkeit, sich selbst zu erkennen und sich anderen erkennbar zu machen. Durch sein Wiedererkennen in der Welt gelingt
ihm seine Manifestation und es erlebt dadurch seine Verbundenheit mit allem, was ist. Dies ist sein Ziel: zu sein und sein
zu dürfen, das heißt: erleben zu können, was immer auch da
kommt, durch die Sicherheit und das Vertrauen in sich selbst
wissend, dass die eigene Existenz etwas Organisches, Lebendi-
ges, Veränderbares ist, und dass sie nicht von äußeren Umständen abhängt, sondern ein eigenes Konstrukt ist, über das man
Macht besitzt. Sein heißt sich selbst besitzen durch die Bereitschaft des Aufgebens der eigenen Realität.

12

Das Doppelleben

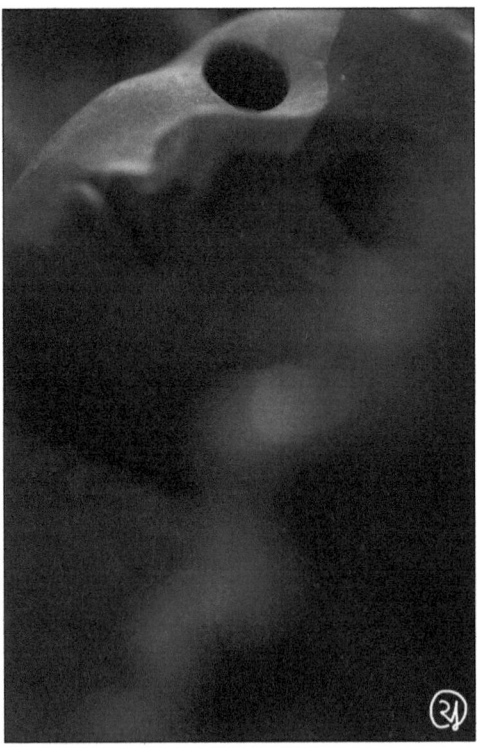

Gefangen in der Wüste braucht der Fisch ein gutes Alibi zum Überleben. Sind Erklärungen schwer zu finden, müssen eben Geschichten herhalten. Es ist eine willkommene Abwechslung, das ausstrahlen zu können, was man selbst in Wirklichkeit gerne sein würde. Niemand möchte sich seine Krankheit gerne ansehen lassen, denn bemitleidenswert zu sein bedeutet gleichzeitig Schwäche, Abhängigkeit und Minderwertigkeit. Könnten diese Eigenschaften auch noch in irgendeiner Weise auf Selbst-verschuldung zurückzuführen sein, wird es eminent wichtig, sich keinen Anlass des Auf-sich-hinabblickens zu leisten. Nicht funktionsfähig zu sein ist fatal in einer Wegwerfgesellschaft. Zudem führen die ständigen Informationsbombardierungen dazu, dass Menschen schnelle Schlüsse ziehen, um die Unmengen an Nachrichten so schnell wie möglich unterbringen zu können, ohne je einen zweiten Gedanken an sie verschwenden zu müssen. Dieses Verhalten gilt nicht nur für den Umgang mit dem Weltgeschehen, sondern macht auch vor persönlichen Interaktionen nicht halt. Wird also, selbst in den intimsten Beziehungen, die Möglichkeit nicht gefunden, die tiefsten Seiten des Ichs zu offenbaren, und werden zudem noch die eigenen Empfindungen, durch Ausdrücken unüberlegter Wahrheiten des Gegenübers, plötzlich zur Bedrohung von Beziehungen und eigener Integrität, ist es besser, das Innenleben für sich zu behalten. Befürchtend, verurteilt anstelle von verstanden zu werden, nimmt die Maskierung ihren Lauf. Der Hass und Selbstekel verlangt dabei nach Perfektion, welche natürlich nie erreicht werden kann, was die Enttäuschung, und damit die Selbstverdammung, nur noch schürt, und somit den Kreislauf von Neuem in Gang bringt. Das Ehrlichsein und Sich-mitteilen wird mit der Zeit so unnatürlich, dass die eigene Kommunikationsfähigkeit irgendwann verloren geht. Sich selbst zum Alien entrückt, beginnt der Weg zurück zum Menschen verschüttet zu werden. Das Ausdrücken des Selbst wird nicht länger zum Sicherheitsrisiko, sondern zur Unfähigkeit. Es wurden keine Mauern errichtet, das Selbst hat sich ins All geschossen. Sich nicht verstehen zu können frustriert, also wird die Stellung des imaginären Außenstehenden gegenüber dem eigenen Selbst eingenommen. Von oben herab befiehlt dieser, was zu tun ist, um nicht aufzufallen, also der Gesellschaft und den Mitmenschen zu gefallen. Und er wird nicht müde zu kritisieren, Forderungen zu stellen und zu demütigen. Seine Aufgabe ist es, blind und taub zu sein und jegliche Form der ehrlichen Annäherung zu sich zu unterbinden. Er entscheidet fortan, was wichtig und unwichtig, richtig und falsch, angemessen und unangemessen bedeutet. Angesichts der Unfähigkeit beider Welten, der inneren und äußeren, das Selbst in sich aufzunehmen, erklärt er sich zum alleinigen Diktator der Person, dem alles zu gehorchen hat. Kann die Person trotzdem nicht so funktionieren wie gewünscht, wird sie stets selbst dafür verantwortlich gemacht und für schlichtweg minderwertig und unnütz erklärt. Dies allein ist nur die Situation im Innern der Person; kommt noch ein ähnlicher, oder auch einfach nur neutraler, Umgang mit ihr von der Außenwelt hinzu, erhöht dies den Druck auf ihre – ohnehin schon reichlich aufgeladene – Situation. Sie hat sich damit abzumühen, all dies so weit innerhalb der Schranken zu wahren, dass ihr schlichtweg die Zeit, Kraft und Kapazität fehlt, dieses Dilemma irgendwie in Worte zu fassen oder anderweitig auszudrücken. Je unsicherer das Umfeld also, desto wichtiger ist es, dieses Innenleben verdeckt zu halten, damit die eigene Schwäche nicht zu offensichtlich wird, doch genau dies schwächt eine Person erst recht. Noch unter jeder Schreckensherrschaft wurden die Unterdrückten ausgelaugt. Die Aussichtslosigkeit der Situation führt in der Regel dazu, dass bis zum Punkt des Zusammenbruchs einfach so weitergemacht wird. Der Diktator sorgt dafür, dass es niemals zum Nachlass einer ständig bestehenden Alarmbereitschaft kommt, weshalb die Person irgendwann nicht mehr anders kann als ihre Maske zu wahren. Die Angst vor dem, was passiert, wenn dieses Konstrukt zerbrechen könnte, verleitet sie dazu, stets an diesem festzuhalten. Dieser Umgehungsmechanismus wird zum einzigen Ding, dem vertraut wird. Es wird zur Lebensversicherung, denn wird es aufgegeben, wird sich das Leben ändern. Die Person verliert sich selbst an die Vormundschaft ihrer eigenen Bewältigungsstrategie. Diese geht so weit, dass sie versucht, das Gesicht einer heilen Welt selbst vor sich zu wahren, um nicht die Ausmaße der gesamten Situation erfahren zu müssen. Die Person, die sie nach außen hin vorgibt zu sein, gefällt ihr so viel besser als jene Version von sich selbst, die sie im Innern erlebt, dass sie nicht mehr dazu bereit ist, diese aufzugeben. Der Schmerz, dass ihr einst vermittelt wurde, sie gehöre nirgends dazu, trägt ihr diese Gewissheit überall hinterher und manifestiert ihn somit dort in der Gegenwart, wo sich das wahre Selbst eigentlich gerne ausdrücken würde. Im Versuch, dieses Dilemma nicht aus dem Ruder laufen zu lassen, sucht sich jene Person Rückhalt in den ihr bekannten Mustern. Schließlich bleibt das ihr Bekannte die einzige Sicherheit, die sie zu erfahren in der Lage ist. Es hat etwas Überwältigendes, wenn eine Sache wie von selbst abläuft, wenn die Überlegenheit und der Automatismus dieser Muster und Strategien spürbar werden. In der Situation selbst, in der sie die Kontrolle übernehmen, legen sie alles andere lahm, machen es schwer, zu denken. In der Realisierung, nicht anders reagiert haben zu können, liegt fast schon etwas Beruhigendes, da sie von einer Art Selbsterhaltungswillen zeugt. Da scheint noch jemand in einem zu wohnen, der in der Lage ist, das Ruder in die Hand zu nehmen, auch wenn seine Motive dazu im Dunkeln liegen. Am Ende des Tages mag es diese automatisierte Funktion sein, die man als das letzte wirklich Funktionsfähige in seinem Leben erlebt. Zu funktionieren scheint generell einen breiten Zuspruch zu generieren, auch von dem, der das Wrack des Selbst zu steuern versucht. Doch wohin soll so noch die Reise gehen? Ein Ziel ist in diesem Zustand schon längst nicht mehr in Sicht. Man dümpelt in der sengenden Hitze auf den stillen Weiten des Ozeans vor sich hin. Alles, was man tun kann, ist versuchen, das Schiff vor dem Untergang zu wahren. Doch früher oder später wird dieser dessen unausweichliches Schicksal sein. Verloren in der tiefen Weite, ohne rettendes Land in Sicht, geht das Selbst langsam unter in den Wogen der Täuschung, die über ihm zusammenbrechen.

13

Lügen und ihr Konstrukt

„Ich zweifle, also denke ich."
René Descartes

Das Selbst bewegt sich durch Verwirrtheit auf den Rand des Wahnsinns zu, wenn Welt und Vorstellung nicht zueinanderpassen. So viele Annahmen, die man ständig ändern musste, so viele Enttäuschungen von Dingen, die man sich erhofft hatte, so viele gute Vorsätze, die man sich unfähig fand, einzulösen, so viele Sachen, die sich nicht erklären ließen. Was ist noch wahr? Lügen sind wie Parasiten, die einen Wirt zum Leben brauchen. Sie benötigen jemanden, der an sie glaubt. Sie schleichen sich langsam ein in Bereiche, an denen sie vorerst keinen Schaden anzurichten scheinen, bis sie sich so verfestigt und vermehrt haben, dass sie bereit sind, den ganzen Menschen einzunehmen. Auf verzweifeltem Boden gedeihen sie am besten. Angst, Verlust, Schmerz und Unsicherheit sind ihre Nährstoffe. Ab einem unbestimmten Punkt lassen sie sich von der Wahrheit gar nicht mehr unterscheiden, beides wird zu einem Dickicht der Argumente, in dem man nur das zusammentragen muss, was den momentanen Motiven dient. Denn was sind Lügen? Was bedeutet das Gegenteil der Wahrheit? Wahrheit überzeugt durch ihre Beständigkeit, Lügen dagegen haben bekanntlich kurze Beine. Wahrheit bedeutet Fortschritt, Effizienz, Produktivität, Nüchternheit und gute Gesinnung. Lügen dagegen sind faul, irreführend, behindernd, impulsiv und verschwenderisch. Somit stellen diese beiden Gegensätze das klassische Bild von Gut und Böse dar. Die Wahrheit ist demnach Leben fördernd, während die Lüge sich stets gegen das Leben, also den Fortschritt, die Effizienz, die Aufrichtigkeit, etc. richtet. Doch es sind beides Konstrukte des menschlichen Geistes. Es ist äußerst geschickt, das, was sich gegen das eigene Leben richtet, als Lüge abzutun, und das, was einen in seinem Tun bestärkt und unterstützt, als Wahrheit zu betrachten. So hat jedes Individuum seine eigenen Erfahrungen vom Leben und der Realität, ganz zu schweigen von seinen individuellen Geschehnissen und Prägungen, also sieht auch die Wahrheit für jeden etwas anders aus. Und auch eine weit verbreitete Meinung bleibt eine äußerst einseitige und absichtsvolle Ansicht. Die Enttäuschung der eigenen Wahrheit und die vergebliche Suche nach derselbigen kann deren Wichtigkeit herunterstufen. Denn wird für die enttäuschte Sache kein Ersatz gefunden, wird die Sache selbst, die das Risiko einer Enttäuschung birgt, mehr und mehr vermieden. Gleiches gilt, wenn die Wahrheit zu schmerzhaft ist, um sie wahrzunehmen. Man möchte sich das eigene Dasein einfach nur erträglich machen; am Ende steht man doch eh alleine mit sich selber da, was betrifft es da schon andere, wenn man sich selbst ein besseres Gefühl geben will? Die größte Lüge der Unwahrheit ist vermutlich, wie unschädlich sie sich gibt. Denn es lässt sich sehr wohl ein Muster der Zerstörung herauslesen, wenn sich Menschen einer Lüge hingeben. Weil sie Konstrukte des Geistes sind, haben Lügen die Fähigkeit, sich zu Mustern auszubilden, denen es einfach wird zu folgen. Lügen produzieren somit Lügen – und Lügner – und machen ihren Wirt anfällig für diese. Gerade ein desorientierter, hilfesuchender Mensch läuft Gefahr, in ihre Falle zu tappen. Werden sie zur neuen Wahrheit einer Person, stellen sie zudem das neue Objekt der Sicherheit für diese dar. Wahrheit und Lüge aber scheinen sich selbst voneinander unterscheiden zu können, da sie sich gegenseitig sorgsam zu meiden wissen. Hat das eine das andere einmal bezwungen, fängt es an, die Person nach seinen Vorstellungen und Werten umzugestalten. Die Oberhand wird sich immer als die Wahrheit ausgeben, weshalb es so schwierig ist, die beiden auseinanderzuhalten. Glauben möchte man selbst natürlich immer nur der Wahrheit. Es braucht einen hohen Grad an Objektivität, Selbstreflexion und das Selbstvertrauen, das eine vom anderen unterscheiden zu können, um zu beurteilen, welche der beiden man als Übermacht gerade in sich trägt. Auch dass die Wahrheit sich oft erst durch das Überstehen der vergangenen Zeit offenbart, macht die Sache nicht einfacher, da die Lüge im Hier und Jetzt mit Pauken und Trompeten auf ihre Gültigkeit beharrt. Wohl dem also, der eine echte Kenntnis von seiner Wahrheit hat und weiß, seine Lügen Lügen zu strafen. Denn es ist die eigene Wahrheit, die den Baustoff der Vorstellung ausmacht. Durch sie sieht man alles und jeden. Wie sehr eine Information über einen Menschen die eigene Sicht auf diesen ändern kann! Sonst muss sich dazu nichts verändern, nur das Wissen über jene, welches man als Wahrheit annimmt, bestimmt, wer diese Person fortan für einen ist, und sogar, welche sie zuvor für einen gewesen sein wird. Das Selbst ist gegen diese Art der Wahrnehmung nicht immun. Auch das Ich ist ein Konstrukt der eigenen Fantasie; es kann sehr überraschend sein, zu erfahren, was andere über einen denken. Allein eine Aufnahme der eigenen Stimme zu hören, ist sehr befremdlich, für manche regelrecht erschütternd. Realisiert man etwas Neues an sich, wirkt dies wie ein Erdbeben, das die eigene Welt erschüttert. Manchmal kann es mit einem nervösen Lachen weggewischt werden, andere Male bringt es das eigene Selbstbild regelrecht zum Einsturz. Lügen machen sich in diesem Fall besonders schnell ans Werk, ihre wackeligen Bauten wieder aufzustellen. Die Wahrheit lässt die Trümmer des bisher Geglaubten erst mal auf sich wirken, um nicht unbedacht dieselben Fehler zu begehen, welche das Beben überhaupt erst ausgelöst haben. Denn die Wahrheit ist auf den Bestand ihrer Sache bedacht, Lügen geht es nur um ihr äußeres Erscheinungsbild. Scheint es manchmal also unmöglich, die Wahrheit auszumachen, so ist es doch niemals ein Grund, sie aufzugeben. Sie mag nicht immer hübsch, zusagend oder bekömmlich sein, doch sie ist der einzige Weg, sich selbst und dem Rest der Welt treu zu bleiben. Sie anzuerkennen ist der erste Schritt weg von der Front, an der das Ego mit dem Wahnsinn um die Vernunft kämpft. Lassen

Lügen einen glauben, sie seien das Einzige, was einem bleibt, so sind sie doch nur die Schatten, die der Schein der Wahrheit wirft. Wer sie satt und lieber gar nichts mehr hat, als sie am Leben zu erhalten, ist im Inbegriff, seine Wahrheit aufs Neue wiederzufinden. Hat man auch alles verloren, bleibt die Möglichkeit, sich zwischen den beiden zu entscheiden, in jeder Situation bestehen. Und wirken Lügen manchmal wie ein Pflaster für die Wunden, welche die Wahrheit gerissen, so können diese niemals heilen, wenn man sie nicht annimmt und über die Enttäuschung hinausgeht. Denn „[d]as Leben ist kurz und die Wahrheit wirkt ferne und lebt lange: sagen wir die Wahrheit"[9], weil wir nie davon ausgehen können, dass die eigene kleine Welt keinen Einfluss auf die anderer haben kann. Die Wirkung der eigenen Wahrheiten und Lügen, welche man als sein alleiniges Eigentum betrachtet, geht weit über die Grenzen des Ichs hinaus. Wo immer man jemandem begegnet, hat man die Macht, diesen zu beeinflussen, ob man es will oder nicht, und ob man es wahrnimmt oder nicht. So sind auch die eigenen Gedanken nie zu einhundert Prozent dem eigenen Kopf entsprungen. Der Geist kann nicht eingefangen oder gestoppt werden, er spukt überall herum. Die Dinge, die man sich selbst glauben macht, haben immer das Potenzial, außerhalb des Selbst auch andere zu beeinflussen. Denn auch die komplette Autonomie und Abgeschnittenheit des Ichs ist ein bloßes Konstrukt. Was man erfährt, bringt man zum Ausdruck, und macht es so anderen erfahrbar. Was man also als Wahrheit annimmt, sollte man mit Bedacht wählen, da die Auswirkungen dessen außerhalb der eigenen Einflussmöglichkeiten liegen. So können Lügen, mit denen man selbst gut leben kann, den Gegenüber den Boden unter den Füßen kosten, und Wahrheiten, die einen schwer treffen, wie ein heilender Zaubertrank auf einen anderen wirken. Nicht nur um seinetwillen, auch im Sinne des Allgemeinwohls sollte man sich daher immer für die Wahrheit entscheiden, erlernen, sie zu erkennen, ihr zu vertrauen und sich trotzdem ihrer nie zu sicher sein.

14

Der Tod

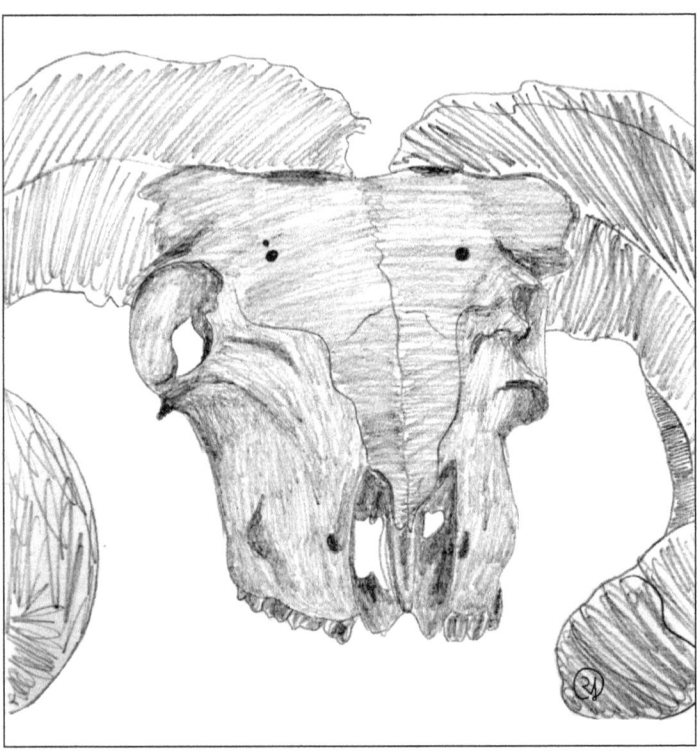

Besitzt man etwas, fürchtet man die Vernichtung oder den Verlust dessen, vorausgesetzt es trägt zum eigenen Vorteil bei. Wird der Besitz zur Last, oder gar zur Bedrohung, wünscht man sich, es nie besessen zu haben. Und erkennt man, dass das Schlimmste, was einem passieren könnte, mitnichten der Tod ist, fängt dieser an, seine Bedrohlichkeit einzubüßen. Seit meiner Kindheit war ich fasziniert von Knochen und der Anatomie des Skeletts. Dies begann, als der Familienhund eines Tages einen Katzenschädel aus dem Gebüsch zog. Die Durchdachtheit jedes Quadratmillimeters und die stille Ästhetik des leblosen Grundgerüsts eines Lebewesens ziehen mich heute noch in ihren Bann. Mit neun kaufte ich mir auf einem Flohmarkt für zwanzig Euro den wunderschönen Schädel eines Widders; danach war ich pleite, aber sechzehn Jahre später steht dieser noch immer auf meinem Schreibtisch. Kam mir das Leben oft als viel zu laut, chaotisch, unsicher und bedrohlich vor, strahlte der – durch meine Knochensammlung repräsentierte – Tod Stille, Beständigkeit und eine sich nicht zu rechtfertigen brauchende Existenz aus. Die puren physischen Elemente einer Person scheinen so viel mehr mit der natürlichen Selbstverständlichkeit des Seins verbunden zu sein als der Teil, dessen er sich bewusst ist. Wie in einem funktionierenden Ökosystem fügen sich auch in einem Körper die Funktionen und Vorrichtungen nahtlos ineinander. Alles hat seinen Platz, seine ganz bestimmte Funktion und damit individuelle Berechtigung, dort zu sein. Alles miteinander scheint einem ungeschriebenen Gesetz zu folgen, das nur den teilnehmenden Funktionären bekannt ist. Es herrscht eine perfekte Symbiose zwischen den unterschiedlichsten Akteuren. Gleichzeitig kann, von weiter weg betrachtet, die gesamte Szenerie als unnötig kompliziert und aufwendig erscheinen. Der Knochen, höchst fragil und erst durch sein geniales Design überaus widerstandsfähig gemacht, verschwindet unter den graziös gesponnenen Schichten der verschiedensten Gewebe, die bis in den kleinsten Winkel penibel mit Adern durchzogen sind, durch die das Leben im schönsten Rotton fließt, nur, um von einer zarten wie robusten Hautschicht umschlossen und verdeckt zu werden. Das unerklärliche Wunder, das der Körper jeden Tag und jede Nacht unerschöpflich vollbringt, um sich am Leben zu erhalten, spielt sich geheimnisvoll im Verborgenen ab. Schaut man in die Natur hinaus, kommt man aus dem Staunen ebenso wenig heraus. Das Leben explodiert in zahllosen Formen, Farben und Bewusstseinsformen. Doch der liebe Kopf kann dabei nicht anders als in jeder noch so kleinen Begebenheit einen erklärbaren Grund zu suchen. Er muss alles und jeden einer Zweckmäßigkeit unterstellen, da er sich selbst über seine eigene nicht im Klaren ist. Die Freude an einer üppigen und vielfältigen Szenerie wandelt sich so in verwirrte Missgunst darüber, dass einem das Erkennen des grundlegenden Motivs so schwer gemacht wird. Einfach nur staunend zu betrachten ist einem nicht mehr möglich. Man versucht verbissen, das zu erkennen, was offensichtlich vor einem liegt: Dem Leben geht es nicht um den Sinn und Zweck, sondern um den Ausdruck an sich, in verschiedensten Erscheinungsformen. Ist eine schöne Blume, die an einem Ort wächst, wo niemand sie bestaunen oder einen Nutzen aus ihr ziehen kann, Verschwendung? Sicherlich nicht, denn auch dort ist und bleibt sie, was sie ist: Leben, wie es hervorbricht, emporwächst, sich zur vollen Blüte entfaltet und stirbt. Der reine und sich manifestierende Ausdruck des Willens zum Leben. Dieser Wille, der einen noch – und für so manchen gerade erst – in Form von etwas Leblosem anspricht. Der Tod ist ein so essenzieller Teil des Lebens, dass er die Sehnsucht nach der puren, unendlichen, nicht fordernden Erscheinung der Existenz ausdrückt. Er spricht von einem Ort, an dem Sinn und Sinnlosigkeit keine Rolle mehr spielen, an dem die Gedanken endlich verstummen und keine Vorstellung mehr, sondern pure Existenz herrscht. Wo das Einzelne im Ganzen komplett aufgeht und somit all das freigibt, was es in sich gefangen hielt. Das Ende von Schmerz und Leid, Einsamkeit und Angst. Das Alles im Einen und Eine in Allem. Wo Kontrolle unmöglich ist, weil es nichts mehr zu kontrollieren gibt. Doch ist der Tod Teil des Lebens, zeigt dies auch, dass man nicht erst sterben muss, um an diesen Ort zu gelangen. Vermag irgendjemand zu sagen, wo die Grenze zwischen Tod und Leben verläuft? Schließlich sind auch diese beiden Wörter nur ein Konstrukt des menschlichen Geistes. Nicht der Körper limitiert den Menschen, sondern allein sein Geist. Nimmt er an, dass, genauso wie der Knochen in seinem Körper sich nicht dafür rechtfertigen muss, wie er aussieht oder wie er dorthin gelangt ist, er selbst ebenso wenig irgendjemandem Rechenschaft schuldig ist, hat er die Möglichkeit, sich selbst als ein weiterer Ausdruck des

Willens zum Leben zu betrachten. Er wird zum „Leben, das leben will, inmitten von Leben, das leben will"[7]. Ein Ausdruck des Lebens, das lebt, um des Lebens willen. Das gibt ihm das Recht, das seine so aufwendig oder unspektakulär zu gestalten wie er es möchte. Denn sein Ausdruck des Lebens wird von keinem dieser Dinge beeinflusst werden können. Der Tod lehrt ihn wahrlich, zu leben. Nicht aus der Angst heraus, sein eigenes könnte jederzeit vorbei sein, sondern aufgrund der Erkenntnis, dass es keine klaren Grenzen in der gesamten Existenz gibt. Muss man sich für das Leben oder den Tod entscheiden, zwingt man sich selbst dazu, immer irgendetwas aufzugeben. Akzeptiert man aber den Tod als Teil des Lebens, nimmt man diesen schon in sich auf, während man noch am Leben ist und kann so auch das annehmen, was der Tod mit sich bringt. Denn das, was ihn umgibt, gilt es unbedingt anzunehmen und zu durchleben, wenn man seine zerstörerische Kraft brechen möchte. Man kann den Tod nur mit Leben besiegen. Wenn er in einem nichts als Schmerz, Wut und Trauer hinterlässt, muss sich an der Stärke der Willenskraft zum Leben zeigen, ob man sich mit ihm auseinandersetzen kann. Dazu gehört das Vertrauen darauf, dass das Leben im Grunde gut ist. Kann man sich nicht damit abfinden, was einem genommen wurde, so zeugt dies von dem Zweifel daran, was das Leben einem noch alles geben kann. Doch Tod und Leben sind keine Gegensätze, sie beinhalten sich gegenseitig. Das eine könnte ohne das andere nicht existieren. Ein endloses Leben wäre sinnlos, genauso wie der Tod dessen, was nie existiert hat. Sehnt man sich nach dem Tod, sehnt man sich nach dem Leben. Im Tod vermutet man lediglich die Erlösung von dem, was einem momentan das Leben schwer macht. Doch was wäre das Leben, ohne die tiefe Schwere des Todes? Gelangt man doch meist erst durch sie an den Ort, von dem man zuvor geträumt hat, ganz ohne sterben zu müssen. Denn wirkliche Freiheit, Freude und Erfüllung kann nur der erfahren, welcher auch dafür offen ist, deren Kehrseiten anzunehmen. So wie der Baum im immer wiederkehrenden Zyklus der Jahreszeiten steht und nur durch sie immer weiter emporwächst, muss man sich trennen von der toxischen Vorstellung des ganzjährigen Sonnenwetters und sich an dem erfreuen, was das Leben zum Leben macht: der stete Wandel, die Höhen und Tiefen, der immergleiche Alltag inmitten der Ungewissheit über jeden nächsten Augenblick. Der Tod ist es, was das Leben erst so wertvoll macht. Dafür sollte man ihm danken, anstatt ihn zu verdammen. Genauso wenig wie die, die sich für ihn entscheiden. Schließlich würde ab dem Punkt, wo der Tod lebenswerter als das Leben wäre, dies wahrscheinlich jeder tun. Die Angst vor dem Unbekannten, der Schritt hinter den Vorhang, aus dem man nie wieder heraustritt, verleitet diejenigen, welche auf seiner anderen Seite bleiben, dazu, jene zu verurteilen, die sich freiwillig auf die verborgene Seite gewagt haben. Wären diese wieder zurückgekehrt, mit spannenden Geschichten und exotischen Mitbringseln, würden sie als Abenteurer bejubelt, so aber werden sie zu Feiglingen, Gestörten, Törichten ... verdammt. Doch wozu zurückkommen, wenn es das nicht wert, und alle Wahrheit auch auf dieser Seite zu finden ist? Verglichen mit dem Tod ist das Leben ein Augenblick der begriffenen Vergänglichkeit. Das Endlose innerhalb einer Erscheinung des Endlichen, sich selbst bewusst und doch unfähig, sich zu begreifen. Wie alles, was überkompensiert wird, versucht auch das Leben sich einzureden, es wäre wichtiger als es in Wirklichkeit ist. Und doch ist es das Einzige, was man in diesem Moment wirklich hat. Der Tod macht das Leben lebenswert, doch ist es das nicht wert, ist es wert, aufgegeben zu werden.

15

Respekt

„Die meisten Menschen wollen nicht wirklich Frei-
heit, denn zur Freiheit gehört auch Verantwortung –
und davor fürchten sich die meisten Menschen."
Sigmund Freud

Anfangs waren alle Tiere gleich. Jede Art wusste, die ihr gegebenen Grenzen zu akzeptieren. Wünschen sich Fische etwa, zu
fliegen? Sicher nicht, denn ihnen ist bewusst, sterben zu müssen, sobald sie das Wasser verlassen. Auch wird einem Vogel der
qualvolle Erstickungstod es nicht wert sein, sich der Vorstellung hinzugeben, von nun an unter Wasser zu leben. Doch einem Tier waren seine Grenzen nicht genug. Es beschloss, mehr
sein zu müssen als es ohnehin schon war. Es wollte nicht leben,
sondern herrschen. Es wollte sich nicht damit zufriedengeben,
innerhalb des Möglichen seine Zeit fristen zu müssen. So begann es sich seine Welt nach den eigenen Vorstellungen umzugestalten. Höher, tiefer, schneller und weiter musste es hinaus.
In die ihm lebensfeindlichsten Umgebungen drang es vor, nur
um sich dort ihm lebensfreundliche Umstände zu erschaffen.
Es rühmte sich mit allerhand Erfolgen und Fortschritten, ohne
zu erkennen, dass es keinen Schritt vorwärtsgekommen war.
Denn sein Schicksal blieb das gleiche. Unbeeindruckt forderte
der Lauf der Dinge den Preis dessen, was es sich geleistet hatte. Auf der Suche nach Liberation, Macht und Unantastbarkeit
verrannte es sich in bodenlose Grausamkeiten. Nichts war ihm
genug gewesen, nun würde nichts mehr seine Schuld begleichen
können. Sein Streben war nicht zu seinem Verhängnis geworden, ebenso wenig seine Pläne, durch die es versucht hatte, sein

Ziel zu erreichen. Die Art und Weise seiner Umsetzung krönte es zum Herrscher über die Welt. Zu einem Herrscher, der rücksichts- und erbarmungslos das einforderte, was er als Grund für seine Unzufriedenheit erkoren hatte. Zu dem einzigen Lebewesen, das sich nicht mit dem zufriedengeben konnte, womit es betraut worden war. Ein Ding ohne jeglichen Respekt.

Respektlos ist jener, welcher sich über die eigenen Grenzen hinwegsetzt, um in die anderer einzudringen. Ob bewusst oder unbewusst. Steckt man Grenzen also besonders eng, oder hat man nicht den Freiraum, diese aufrechtzuerhalten, wird man früher oder später Opfer von Respektlosigkeit werden. Ein Synonym für Respektlosigkeit ist Überlegenheit. Das Recht des Stärkeren besagt, dass er sich in jeglichen Bereichen seines Lebens seine eigenen Grenzen ziehen darf, ungeachtet derer, die schwächer oder benachteiligter sind als er. So ist es kein Wunder, dass sich Wut, als Markierung und Offenbarung der eigenen Grenzen, im Kindesalter so überaus deutlich auszubilden hat und kaum einer im Erwachsenenalter dazu in der Lage ist, sie zu kontrollieren. Denn eines der Dinge, die man Kindern vorauszuhaben glaubt, ist Stärke. Ist es aber nicht genug, seine Überlegenheit gegenüber Kindern zum Ausdruck zu bringen, so müssen imaginäre Einrichtungen und Systeme her, um eine nicht zu rechtfertigende Überlegenheit über Gleichartige zu simulieren. Weil man selbst zu einer Zeit Respektlosigkeit erlebt hat, in der man unfähig war, sich gegen sie zu wehren, versucht man, dieses Versäumnis wiedergutzumachen, indem man sich seiner Macht bewusst zu werden versucht und sich so über Grenzen anderer hinwegsetzt. Der Unterdrückte wird zum Unterdrücker. Und zwar in allen Bereichen seines Lebens, nicht nur in denen, wo er sich wünscht, überlegen zu sein. Wer durch eine andere Person gebrochen wurde, glaubt, auch nur von einer anderen wieder ganz gemacht werden zu können. So stellt man an die Menschen im eigenen Umfeld Erwartungen, die man sich selbst nicht zutraut. Das Gegenüber wird so zur Lebensversicherung, zum Träger der eigenen Seele, da diese einem selbst zu schwer geworden ist. Es besteht keine Interaktion zwischen zwei selbstständigen Personen, sondern ein Voneinander-abhängig-sein, aus der Unfähigkeit heraus, man selbst zu sein. Dies übertritt allerdings die Grenzen beider beteiligten Seiten. Dem Gegenüber werden Dinge aufgedrängt, die nicht in seiner Verantwortung stehen und gegenüber derer er völlig machtlos ist, der Person selbst verschwimmen die eigenen Grenzen bis zur Unkenntlichkeit. Was man einem anderen Menschen zumuten kann und darf, kann gar nicht mehr eingeschätzt werden. Die eigene Not ist so groß, dass sie nicht mehr für sich behalten werden kann. Das Vertrauen darin, in der Lage zu sein, mit sich selbst fertig werden zu können und Probleme eigenständig zu überwinden, ist nicht mehr existent. Ob durch Vernachlässigung oder Bevormundung, wurde es vielleicht nie aufgebaut. Das fehlende Vertrauen in die eigenen Fähigkeiten und die Schwäche der eigenen Grenzen münden also in Respektlosigkeit. Denn dort, wo einem Vertrauen abgesprochen wird, kann auch nicht von Respekt die Rede sein. Das Schlimme ist, dass Grenzen ihren Wert durch Erfahrungen erhalten. Wird einem eine Art von Respektlosigkeit präsentiert, nimmt man dies irgendwann als Normalität an und hinterfragt auch die Rechte und Stützpunkte seiner Grenzen nicht mehr. Wird einem in einer Lebenslage, in der man beeinflussbar ist, erklärt, dass gewisse Dinge und Menschen stärker sind als man selbst und diese deswegen Macht über einen verfügen, hat man keinen Grund, sich nach Gegenbeweisen dafür umzuschauen. Das macht es so einfach, jemanden glauben zu machen, er selbst wäre das Problem, wenn jener sich eines Tages mit seiner Situation nicht mehr abfinden kann. Doch Grenzen sollten selbst erlebt, ausgetestet und neu verlegt werden können und keine unüberwindbaren Zementmauern sein. Solche Grenzen errichtet nur, wer sich ihrer äußerst unsicher ist, und das meist zu Recht. Verliert eine Grenze ihre Flexibilität, dann weil sie etwas mit unnatürlicher Heftigkeit zu beschützen hat. Und verwandelt sie sich in eine Todeszone, so zeugt sie von der zerstörerischen Kraft, die hinter ihren Mauern wohnt. Diese Kraft ist es, die sich über alle anderen Grenzen hinwegzusetzen versucht, um verzweifelt die eigenen zu wahren. Je aggressiver sie dargestellt werden, desto unwirklicher sind sie. Echte Grenzen verlaufen natürlich, sie müssen sich nicht konstant behaupten, sondern schreiten zur Tat, wenn sie benötigt werden und gehen dabei nur so weit, wie sie ein unerwünschtes Eindringen verhindern. Grenzen, die Angst ausstrahlen, spiegeln nur den Zustand ihres Schützlings wider. Grenzen, die andere verschlingen, zeugen von der Leere, die hinter ihren Mauern herrscht. Respekt sollte etwas Gegebenes sein; diesen einfordern zu müssen, erklärt schon die Not, in der sich die betroffene Person befindet. Es bedeutet das Wissen, dass die Selbstverständlichkeit der grundlegenden Kommunikation gebrochen ist, was den Nährboden für Missverständnisse, und damit für Konflikte, also Unsicherheit, bedeutet. Nicht nur gegenüber anderen, sondern auch gegenüber sich selbst. Akzeptiert man den sich präsentierten respektlosen Umgang als Normalität, wird man ihn genauso im Verhältnis mit sich selbst anwenden. Es wird nicht nur schwierig, die eigenen Grenzen zu erkennen und zu verteidigen, sondern auch, diese selbst einzuhalten. Versucht man, Grenzüberschreitungen zu kompensieren, beginnt man, nicht nur an sein Gegenüber unverhältnismäßig hohe Erwartungen zu stellen, sondern auch an sich selbst. Und werden diese nicht erfüllt, hat man keinen Grund, irgendeine Art von Respekt sich selbst gegenüber zu wahren. So wird es erst möglich, die eigene Situation aus den gnadenlosen Augen eines Außenstehenden zu sehen, indem man keine Grenze mehr zwischen sich und dem, was andere über einen sagen, oder was man denkt, was sie über einen sagen könnten, ziehen kann. Das Selbst ist dann kein selbstständiges Wesen mehr, es wird zu dem, was es vorgibt zu sein. Auf die eigenen Motive, Hintergründe und Absichten wird keine Rücksicht mehr genommen. Man nimmt sich selbst das Recht der Rechtfertigung und setzt sich so über eine Grenze der Selbsterhaltung hinweg. Man wendet sich gegen sich. Es wird sich selbst nichts mehr gegönnt, von niemandem. Die einfachsten Alltagsdinge werden zum Kampf um die Kontrolle über das Ich. Jeder Schritt wird überwacht und bewertet. Alles muss geordnet und durchdacht vonstattengehen oder versinkt im bodenlosen Chaos. Impulsive Entscheidungen werden zur Unmöglichkeit, genau wie das Genießen einer Sache, da man es nicht mehr wert ist, etwas Positives zu erleben. Die eigene Grenzenlosigkeit verurteilt einen zu einem Leben unter der Vormundschaft eines harten Ersatzes des Ichs. Chancenlos sitzt man auf der Anklagebank, da einem von sich nicht mehr vertraut wird. So muss man sich für Dinge verantwortlich fühlen, ohne sich rechtfertigen zu dürfen. Das Einzige, was zählt, ist das Offensichtliche. Für alles andere ist kein Platz, da die eigenen Theorien und Erklärungen als unzulängliche Spekulationen abgetan werden. Die Vorstellungen und Annahmen von der Welt überwältigen die innere Wahrheit. Das ist die Tragödie der Respektlosigkeit. Sie nimmt, was dem Menschen als selbstverständlich galt und hinterlässt ein Loch, das nichts anderes zu füllen vermag. Ohne Grenzen verschwinden auch die Werte und Prinzipien einer Person. Sie wird zur leichten Beute für die, die daraus ihren Nutzen zu ziehen verstehen. Das Individuum braucht seine Grenzen, ohne sie verliert es sich im Nichts. Der Mensch muss seine Schranken anerkennen, sonst irrt er im unendlichen Raum der Möglichkeiten umher, ohne jemals etwas Sinnvolles vollbringen zu können. Aber schließlich ist er es, der dem Respekt entsagen kann, so muss er diesen Vorteil auskosten, denn er hat ja sonst nichts, was ihn über sein klägliches Dasein hinwegtrösten könnte.

16

Warum ich und der Fluch des Unversehrtseins

„Wenn nun auch der Weg, der, wie ich gezeigt habe,
hierhin führt, äußerst schwierig zu sein scheint, lässt
er sich doch finden. Schwierig freilich muss sein, was
so selten erreicht wird. Denn wie wäre es möglich,
wenn das Heil so zur Hand wäre und ohne große
Anstrengung gefunden
werden könnte, dass fast alle es unbeachtet lassen?
Nein, alles Erhabene ist ebenso schwer wie selten.“
Baruch Spinoza

Wie alles andere versucht der Mensch, Menschen, ihre Situationen und Lebensumstände, sogar ihre Schicksale, in Kategorien einzuteilen. Dabei kann es einem Menschen gut oder schlecht gehen, genauso kann etwas gut oder schlecht laufen oder ein Leben sich auf einem Hoch oder Tief befinden. Generell wird angenommen, dass denen, welchen es gerade gut geht, eine gewisse Verantwortung gegenüber denen innewohnt, die sich unterhalb ihres Lebensstandards befinden. Das Leben kommt nun mal so, wie es eben kommt, und jene, für die es ein wenig besser gelaufen ist, sollten sich um die kümmern, die nicht so viel Glück hatten. Doch was, wenn diese beiden Phänomene zusammenhängen und das eine das andere begünstigt?

Das Streben nach Glück, anders ausgedrückt das Wiederentdecken von Zufriedenheit, ist universal, also nicht nur dem Unzufriedenen vorenthalten. Wonach strebt aber der Glückliche? Nach der Teilnahme an dieser Wiederentdeckung. Leider ist er bereits zufrieden. Er braucht einen Weg, Glück auf eine andere Weise zu erleben als durch die Wiederentdeckung der eigenen

Zufriedenheit. Somit macht er sich auf die Suche nach denen, die ihr Glück noch suchen. Glück setzt somit Unglück voraus. Damit der Glückliche glücklich sein kann, bedarf es ihm eines Unglücklichen. Diese Unglücklichen werden entweder mit Abscheu als minderwertig abgetan oder es wird sich bemüht, ihnen Glück widerfahren zu lassen. Da sich dieses aber in erster Linie auf den Glücklichen, nicht auf den Unglücklichen, bezieht, bemüht sich der Glückliche mehr darum, dem Unglücklichen Glück zu bringen als der Unglückliche selbst. Denn der Unglückliche hat vielleicht ganz andere Prioritäten als glücklich zu sein. Dem Glücklichen geht es aber einzig und allein darum, da Glück alles ist, was er kennt. So schießt er oft über dieses Ziel hinaus und zwingt dem Unglücklichen irgendein Glück auf, welches sich folglich für den Unglücklichen als Unglück herausstellt, da es nicht sein eigenes gewähltes Glück war. Somit offenbart sich die Selbstsucht des Glücklichen, indem er blind und taub nur auf sein eigenes Glück zusteuert, nämlich andere glücklich zu machen, während er dieses Glück für etwas anderes hält als es wirklich ist. Er denkt, er tue Gutes in der Welt, indem er versucht, Unglück zu beseitigen. Stattdessen kreiert er ein Umfeld, in dem es ihm an Unglücklichen bedarf, um selbst glücklich zu sein. Anstatt die Lösung des vermeintlichen Problems zu sein, ist er nun die Ursache des Problems. Sein wahres Glück bestünde darin, selbst unglücklich zu sein. Denn dann würde er erkennen, dass zum Glücklichsein Glück allein nicht ausreicht. Dass Glück immer nur so groß sein kann wie das Unglücklichsein, das es verdrängt. Somit sind die unglücklichsten Menschen auf dieser Welt auch die glücklichsten. Denn sie ließen davon ab, sich gegenseitig mit glückbringendem Egoismus zu überfallen und überließen sich selbst der Resignation, dass Glück für den bestimmt ist, der sich nichts Besseres vorstellen kann. In der Sekte der Zufriedenheit wurde ihnen erzählt, sie bräuchten Glück zum Überleben. Dann verließ sie selbiges und sie bemerkten, dass sie trotz dessen immer noch atmeten. Der Blick in die Augen des Todes blieb ihnen verwehrt, stattdessen empfanden sie lediglich die Abwesenheit von Glück. Ein scheinbar überlebenswichtiger Mechanismus fiel aus, an dessen Stelle nun Leere getreten war. Und gleich, ob sie sich nun bemühten, diese Leere wieder zu füllen, oder diese fortan mit sich herumtrugen, sie blieben am Leben. Stets wünschten sie sich das Glück zurück, und dieser Wunsch täuschte sie darüber hinweg, dass sich, mit oder ohne Glück, nichts ändern würde. Sie sahen nicht die Neutralität der Welt, welche ihre scheinbare Veränderung nicht einmal bemerkt hatte. Die Sonne ging wie gewohnt morgens auf und wanderte über den Horizont, der Wind blies in das grüne Laub der Bäume, die Wolken zogen über den Himmel, die Dämmerung brachte die Sterne hervor, und die Menschen waren unglücklich. Doch niemanden sonst kümmerte es. Es stellte sich als ihr rein subjektives Problem heraus. Denn dessen Definition wurde und konnte nicht festgelegt werden. So trat ein Mensch an den anderen heran und sagte: „Du bist unglücklich. Komm, ich helfe dir, wieder glücklich zu werden." Und dieser nahm die angebotene Hilfe an, ohne gewusst zu haben, dass er unglücklich war. Denn vor der Begegnung mit dem Glücklichen war er es nicht. Nicht sein Unglück machte ihn unglücklich, sondern der Glückliche, der eines Unglücklichen bedurfte, um sich sein eigenes Glück spürbar zu machen. So rühmen sich die Glücklichen über den Rest der Welt, indem sie meinen, etwas zu haben, was die anderen nicht haben, wobei der Unglückliche mehr als genug mit sich herumschleppt. Anstatt diesem einen Teil seiner Bürde mitzutragen, möchte der Glückliche ihm stattdessen noch etwas obendrauf packen. Der Fragilität seines eigenen Glückes bewusst hat er Angst davor, sich auf Augenhöhe einem Unglücklichen zu nähern, auf dass er dann womöglich sein eigenes Glück verliere und sich selbst als Unglücklicher wiederfände. So hält er Abstand zu ihnen, wie ein König zu dem Volk, hält ihnen gebieterisch einen Krümel hin und erzählt, das sei genug zum Glücklichsein. Sein eigenes Glück behält er unterdessen für sich, damit er sagen kann, er habe es und könne es jemand anderem bescheren. Dabei weiß er nichts vom Glück. Das Glück, das schwebt, auftaucht und verschwindet. Ungreifbar, nie ganz da. Ein Hauch von Nichts, das sich mit sich verbindet, ohne Plan, ohne Lösung, ohne Grund. Unbrauchbar, überflüssig, für manchen gar grausam. Und allemal rein subjektiv und nicht zu teilen, noch zu erzwingen. Ein Ding mit Schatten realer als es selbst, zum Gott gekrönt, obwohl es nicht einmal ein Geist. Begierde des kopflosen Packs und Grund für Gewalt und Mord, weil tödlich, wenn man versucht, es zu halten. Der Grad eines Lebens wird an seinem Glück bemessen, von denen, die meinen, beides definieren zu können. Aber was sie lediglich tun, ist, erfundene Begriffe in gefühlsträchtige Schubladen zu sortieren. Doch was am Leben ist, lässt sich nicht kategorisieren und einstufen, da Leben ständige Veränderung bedeutet. Das Negative ist schlichtweg nicht vom Positiven zu trennen. Deswegen lässt sich keins von beidem erzwingen, weder die lang erstrebten und ausgeklügelten Pläne noch das rein zufällige Stolpern über das Glück oder das Bezeugen eines Wunders. Denn selbst ein Wunder setzt Leid voraus. Nur wer Leid erfährt, wird empfänglich für Glück. Wieso sind die, welche dem Glück nachjagen, unfähig, ihrem Leid zu begegnen? Weil sie es für den Gegensatz zu ihrem Glück halten. Doch wer hat die Lüge in die Welt gesetzt, dass Glück für die Glücklichen bestimmt ist? Woher stammt die Annahme, dass Freude dazu da ist, um lediglich die schönen Momente des Lebens zu versüßen? Das Gute ist dazu da, die Kraft zu spenden, um das Schlechte zu überwinden. Sie beide gehen Hand in Hand. Erst durch den Fall wird die wahre Tragweite des Erfahrbaren erlebbar. Ohne Leid keine Erlösung. Ohne Schuld keine Vergebung. Ohne Verletzbarkeit keine Liebe. Ohne Not keine Wunder. Ohne Widerstand keine Kraft. Ohne Furcht kein Mut. Ohne Verzweiflung keine Hoffnung. Das einzig Schlechte an dem Schlechten ist der Glaube daran, dass es schlecht sei. Doch wenn der Mensch die Fähigkeit hat, Dinge zu benennen und, zumindest für sich, zu definieren, gibt das jedem Individuum das Recht, dies für sich selbst immer wieder aufs Neue zu tun. Die Welt aus einer anderen Perspektive zu sehen ist die einzige Möglichkeit zur Erkenntnis. Es erhebt den Einzelnen über sich selbst hinaus und ordnet die Dinge neu an. Betrachtet man sich aus dieser Vogelperspektive, wird die berühmte Frage nach dem „Warum" schon sehr bald hinfällig. Denn warum nicht? Das Ich, feststeckend in den Grenzen seines immer gleichbleibenden Horizonts, hat verlernt, die richtigen Fragen zu stellen und sieht es als eine Art Auszeichnung an, Fragen auf eine Art und Weise stellen zu können, dass niemand eine Antwort auf diese weiß. Das Selbst über dem Selbst aber ist in der Lage, jene Fragen auf eine Weise zu formulieren, dass eine Antwort auf sie tatsächlich möglich ist. Denn fragt es nach dem „Warum", erwartet es eine Reihe spezifischer und logischer Antwortszenarien, die es restlos zu überzeugen haben und es überwältigt und sprachlos zurücklassen. Das „Warum nicht" dagegen lenkt seinen Blick wieder auf es selbst und fordert seine bisherige Sicht- und Denkweise heraus. Das „Warum nicht" beschreibt die Zusammenhangslosigkeit im Geschehen und die eigene Machtlosigkeit darüber, und gibt dem Fragenden gerade dadurch den Mut und das nötige Losgelöstsein, um sich mit dem Geschehenen auseinandersetzen zu können und das Beste daraus machen zu wollen. Es bringt ihn aus der Jagd nach Perfektion und Reinheit zurück zum Organischen des Lebens, aus der leblosen Betonwüste der eigenen Konstrukte auf den Acker der Ursprünge und Gegebenheiten. Wenn man erkennt, dass im Ursprung nichts ausschließlich gut sein kann und man nichtsdestotrotz alles, was einem begegnet, als Vorteil für sich nutzen kann, ist man dazu imstande, Frieden mit dem Schlechten zu schließen und bewahrheitet dies somit augenblicklich. Der Fluch des Warums wird zum Segen. Der Neid der Unversehrten wird zum tieferen Verständnis von sich selbst und dem Bedürfnis, noch tiefer einzutauchen, anstatt den Oberflächlichkeiten seiner Scheinwelt nachzusetzen. Denn diese ist es einem nun einfach nicht mehr wert. Und das Geschrei der Glücklichen wird zur nichtssagenden Propaganda, die in ihrem Kern mehr Leid enthält als die Leben derer, die sie erretten wollen.

17

Glaube

*„Der Glaube ist ein großes Gefühl von Sicherheit für
die Gegenwart und die Zukunft und diese Sicherheit
entspringt aus dem Vertrauen auf ein übergroßes,
übermächtiges, unerforschliches Wesen. Auf die Un-
erschütterlichkeit dieses Glaubens kommt alles an."*
Johann Wolfgang von Goethe

Ein gottloser Mensch tut nicht gut. Hat er keinerlei Glauben an
etwas, das größer ist als er selbst, verfällt er dem Wahnsinn seiner eigenen Größe. Sein gesamtes Leben verbringt er damit, sich
ein Gefühl der Geborgenheit und des Beschütztseins zu garantieren. Doch was in dieser Welt könnte dazu je in der Lage sein?
Etwas Menschengemachtes würde ihm dafür niemals ausreichen,
da kein Mensch unfehlbar ist. So muss etwas Übernatürliches
her. Etwas, das ihm und seiner Welt nicht nur einen Wert verleiht, sondern dazu in der Lage ist, diesen zu bestimmen und un-
veränderbar festzulegen. Etwas, das alle Antworten hat, ohne
sie ihm preisgeben zu müssen; die Gewissheit darüber, dass eine
Antwort auf alles, was in dieser Welt geschieht, existiert, reicht
schon aus, um ihn vor der Verrücktheit des Zufalls zu schützen.
Das Unfehlbare, Unendliche, Unsterbliche, Unerschöpfliche, Un-
verzichtbare, Unbesiegbare. Das, was ihm die Grenzenlosigkeit
greifbar macht und somit deren Wahnsinn von ihm abwendet.
Denn ist die Wirklichkeit etwas, das sich nur in seinem Kopf abspielt, so wirkt sich ein jede seiner Vorstellungen direkt auf ihn
aus. Die eigene Vorstellung auf einen anderen zu übertragen ist
folglich ausgesprochen schwierig. Die Sehnsucht nach einer uni-
versalen Gegebenheit ist aber so groß, dass die eigens gefunde-
ne auf den anderen anzuwenden sein muss, um sich als Wahr-

heit zu behaupten. Die Fragilität des Glaubens spiegelt sich in der Anerkennung wider, die man von anderen dafür erhalten muss. Selbst in der höchstpersönlichen und subjektiven Frage nach dem Glauben wird fanatisch viel Wert auf dessen Richtigkeit und Validität gelegt. In Zeiten der Not wendet man sich an jene höheren Mächte, aber die Not ist wohl noch nicht groß genug, um die Meinungen seiner Mitmenschen hinter sich lassen zu können. Doch ist die Logik und Validität des Glaubens wirklich wichtig? Was macht es aus, ob man sich etwas logisch Gewagtem oder allgemein Beweisbarem anschließt? Ist das Konzept des Glaubens nicht Glaube? Ist der Grund des Unergründbaren nicht, dass jeder für sich seine Wahrheit in ihm finden kann? Beweisbar ist nämlich dies: dass Menschen einen Glauben brauchen. Ein Konzept des eigenen, individuellen Geistes. Die Freiheit, innerhalb eines sicheren, definierten Raumes sich die eigenen Grenzen stecken zu dürfen. Und würde man jede einzelne Glaubensart der gesamten Menschheit betrachten, so fände man mehr Gemeinsamkeiten als Unterschiede. Denn der wahre, tiefe und selbstständige Glaube verbindet und ist somit selbst der Beweis für die allem zugrundeliegende Macht, die in allem und alles in sich ist. Depressionen sind unter anderem der Unglaube an eine lebenswerte Zukunft, Glaube ist das Vertrauen in die pure Existenz. Glaube ist das Vertrauen in die eigene Fähigkeit der Veränderung, die Selbstständigkeit durch ein Geführtsein, die Überzeugung von neuen Möglichkeiten durch die Anerkennung des Unmöglichen. Ist Kontrolle alles, was der Mensch will, zwingt Glaube ihn, diese abzugeben und verleiht sie ihm somit wieder. Er muss seinem Verstand entwachsen, um das zu erlangen, was ihn übersteigt: der Friede Gottes. Das Zur-Ruhe-kommen inmitten des Wahnsinns der realen Welt. Das pure Sein, das heißt die Verbundenheit des Selbst mit allem, was war, ist und sein wird, das Aufgehen des Ichs im Unendlichen. Der Ort, an dem der eigene Wille endlich an seinem Ziel angelangt ist und sich ausleben kann, weil das Selbst ihm nicht mehr im Weg steht. Wo man also mit sich selbst Frieden schließt. Denn dieser ist ein Grundbedürfnis des Daseins. Wo man in Frieden sein kann, ist man imstande, Frieden hervorzurufen. Doch Frieden beruht auf Treue, dem Respekt gegenüber dem Gegebenen, also die Sache, welche der Mensch imstande ist zu brechen und worüber er sich am meisten brüstet. Die Kenntnis über sich selbst und die Dinge in der Welt, die es einzuhalten gilt, um des Friedens willen. Der Glaube an etwas zieht diese Linien, welche die Grenzen des Inneren und Äußeren bestimmen. Er zeigt diese auf, um dem Glaubenden die Treue zu sich selbst zu ermöglichen. Diese erfüllt sich in der Übereinstimmung der eigenen Person mit ihrem Dasein und Handeln in der Welt. „Denn Harmonie und Kraft ist nur in unserm Leben, wenn das Äußere ist wie das Innere; wenn diese große Wahrhaftigkeit zwischen unserem tiefsten und reinsten Sehnen und dem Willen im Leben uns innere Einheit gibt."[10] Um das Wesen seines tiefsten Seins zu erkennen, muss man es mit etwas Abstand und im richtigen Licht betrachten. Sieht man sich aus einem Grundverständnis über die Menschen und dem Vertrauen in das, was man gefunden, kann man mit Zuversicht und Wohlwollen das annehmen, was einem dann über sich offenbart wird, weil es ein wahres, inneres und ursprüngliches Ich ist. Man muss bereit für den Frieden sein, um ihn empfangen zu können. Der aus der Treue entsprungene Friede Gottes bringt die innere Freiheit. Das Losgelöstsein von den äußeren Bedingungen. Was erlangt Macht über eine Person? Was immer ihr als Wirklichkeit erscheint. Ist das einzig Wirkliche das, was man sieht und erlebt, so werden diese Dinge immer mächtiger sein als man selbst. Man kann sich ihnen nicht zur Wehr setzen. Doch alles, was man erlebt, geht auf nur eine Sache zurück: das Geistige. Zahlreiche Personen beweisen immer wieder, dass der Mensch über mehr geistige Macht über sich, und somit über sein Schicksal, verfügt, als er es für möglich hält. Wird man sich seiner eigenen Macht über sich bewusst, erlangt man auch den Einfluss auf sein Leben zurück. Erweitert man seinen Horizont und sprengt so die Grenzen seines Geistes, eröffnet man sich die Möglichkeit auf Dinge, die bisher unerreichbar hinter jenen Mauern lagen. Das Greifbare ist nun nicht mehr die einzige Realität und verliert somit an Wert. Stattdessen liegt der Fokus auf dem, was einen die Ereignisse erleben lässt, anstatt auf den Ereignissen selbst. Dies verleiht einem die Kraft, diese auf eine andere Art zu sehen als wie sie sich im ersten Augenblick zu erkennen geben, was die eigene Reaktion und den Umgang mit dem Geschehenen diktiert. Die Ereignisse selbst vermag man nicht zu ändern, aber das, worauf es wirklich ankommt, ist man nun in der Lage zu kontrollieren. „Innerliche Freiheit will heißen, dass er (der Mensch) die Kraft findet, mit allem Schweren in der Art fertig zu werden, dass er dadurch vertieft, verinnerlicht, geläutert, still und friedvoll wird."[18] Freiheit ist kein Objekt der Begierde, sondern Resultat von Verbundenheit/Treue. Wahre Freiheit kann also nicht bestritten werden, genauso wenig wie Friede, da Friede Resultat der Vernunft ist. Vernunft ist die Fähigkeit, Dinge wahrzunehmen und sie ins Verhältnis zu sich und seinen Umständen zu setzen, ohne sich dabei untreu zu werden. Sie ist „der Weg zum Frieden, zur Harmonie zwischen uns und allem, was geschieht und ist, sichtbarlich und unsichtbarlich, zum Frieden, der sich erneuert aus Freud und Schmerz, aus Schaffen und Leiden und in dem wir uns langsam, in der Welt stehend, mit tausend Banden an sie gebunden, über die Welt erheben und innerlich frei werden und wissen, dass sie in allem, was sie bringen kann, nichts über uns vermag(...) Unsere Vernunft trägt uns aus der kleinen Existenz unseres täglichen Lebens heraus und zwingt uns mit allem, was ist und vorgeht und allen Fragen, die unsere Zeit bewegen, zu beschäftigen und an der Welt teilzunehmen, innerlich zu erleben, was in ihr vorgeht."[11] Sie ist also die Verbindung, nach der das Selbst strebt. „Das wahre Herz überlegt, und die wahre Vernunft empfindet."[12] Entsagt man sich des Erlebnisses der Welt, so gibt man eine vernünftige Auseinandersetzung mit derselben auf, welche ihre Wahrheit komprimieren wird. Und was bleibt von der Wahrheit, wenn sie in irgendeiner Weise eingeschränkt wird? Ist nicht ihr Wesen ihre völlige und kompromisslose Entfaltung? Unvernunft mündet also in einer Lüge an sich selbst, was Abspaltung und Isolation zur Folge hat. Meint man, jeglicher Wunsch eines Lebenden nach etwas, das dieses Leben einschränken oder ihm schaden könnte, wäre unvernünftig, so hat man recht. Vernunft ist mitnichten etwas rein

Geistiges, sondern die Verbindung dessen, was im Allgemeinen als Kopf und Herz bezeichnet wird. Und werden diese beiden Dinge miteinander verbunden, entsteht ein tief verwurzelter Verhaltenskodex, höchst individuell und doch Menschen und Generationen übergreifend, weil er das, was dem Menschen am Herzen liegt und dessen Erfahrungs- und intellektuellen Schatz beinhaltet. Und dieser ist Maßstab, an dem das Gute und Schlechte bemessen wird, also das, wonach sich jede Existenz ausrichtet. Ist es dem Menschen so essenziell wichtig, sich in Sicherheit wiegen zu können, Kontrolle zu haben und Entscheidungen zu treffen, muss er dazu in der Lage sein, Gut und Schlecht definieren zu können. Seine Existenz hängt davon ab. Jedoch wird er dazu gezwungen, in einer Welt zu leben, die ihn sich unmündig, klein, machtlos und unreif fühlen lässt. So hält er auch in der Hinsicht auf das Gute nach externen Beispielen und Vorbildern Ausschau, die ihm zeigen können, wie das Gute wirklich aussieht und wie er es erleben und ausleben, sich dafür, und auch dagegen, entscheiden kann. Doch diese Welt ist selbst unreif, klein und fragil, da sie ebensolche Ziele als Fixpunkt hat. Es muss ein Mensch schon sehr verzweifelt oder frustriert sein, bevor er sich aufmacht, seine eigenen Definitionen zu finden. Das Gute findet sich also, indem man durch Treue, Friede und in Freiheit an die Vernunft gelangt, welche einen mit der Ganzheit des Seins verbindet und einen dadurch die Wegweiser der eigenen Moral wiedererkennen lässt. Was immer einen frei macht, verbindet, stärkt, aufrichtet, wachsen lässt und Ehrfurcht lehrt, ist gut. All dies sind Dinge, die man nur für sich selbst entdecken und erleben kann. Das Potenzial dazu ist etwas Gegebenes, das einem nichts und niemand nehmen kann. Der Weg dorthin kann einem aufs Übelste verbaut werden, aber die Möglichkeit, wieder dorthin zu gelangen, besteht immer. Doch um wirklich in der Lage zu sein, es ausleben zu können, muss man dazu bereit sein, den Weg dorthin immer und immer wieder aufs Neue zu gehen. Denn einfacher wird er niemals werden, was auch gut so ist. Im Angesicht dieser Welt sollte diese Beschwerlichkeit nicht etwas Niederschlagendes, sondern etwas Bereicherndes besitzen. Der, welcher weiß, zu was der Mensch in der Lage sein kann, wird die Fähigkeit zum Guten mit Freude empfangen und hochleben lassen. Schwerer werden es die haben, welche das Gute als eine Selbstverständlichkeit hinnehmen und sich so der Gefahr nicht bewusst sind, in der sie sich befinden. Denn Unwissenheit schützt weder vor Strafe noch vor Untergang. Dankbarkeit zu zelebrieren, anstatt sie einzufordern, ist dabei der beste Weg, um die Legitimation der Gleichgültigkeit zu verhindern. Um sich dieses Weckrufes empfänglich zu machen, muss man erst einmal für ihn selbst aufgeweckt werden. Dankbar sein ist eine Angewohnheit, eine Übung, die den Muskel des Menschseins trainiert. Sie geht dabei nicht auf etwas rein Gefühlvolles zurück, sondern ist eine tiefe Überzeugung und nüchterne Grundwahrheit, die nicht immer mit den eigenen derzeitigen Emotionen übereinstimmen muss, um sich ihrer Validität zu beweisen. Dankbarkeit wird unterschätzt, da sie eine unterschwellige, konstant fließende Kraft ist, die ihr Wirken in erster Linie im Verborgenen erweist. So fühlt man oft, dass es einem an etwas fehlt, sollte diese einmal versiegt sein, aber mit dem Finger darauf zu zeigen, fällt schwer. Doch wo Ungerechtigkeit, Schmerz und Gewalt einem den Weg verfinstern, vermag ausgerechnet die Dankbarkeit wieder Licht in das Dunkel zu bringen, denn sie spendet keinen nichtssagenden Trost, sondern fordert etwas von einem. Sie zwingt ihren Träger, aktiv zu werden. Und dieser Akt der Dankbarkeit bewegt einen wieder näher auf das Gute zu. Das Gute, das man sehen will, sehen kann und in sich trägt. Und dies spendet den wahren Trost, jenen, der einem die Hoffnung zurückgibt.

Der Glaube verspricht also nicht nur den Trost über die Welt, sondern auch das Freisein von ihr, da das Selbst in ihm gefunden wird, an Orten, welche die Welt nicht einmal kennt. Denn das Selbst will nicht frei sein, sondern gefunden werden, doch durch sein Gefundensein erlangt es ebenso die Freiheit. In diesem Gefundensein erfüllt sich die tiefste Sehnsucht der Existenz, was neues Leben selbst in den totesten Winkeln entstehen lässt. Denn der wahre Horror liegt nicht in den Dingen, die einem widerfahren oder die man sich gegenseitig antun kann, sondern indem man in diesen Dingen alleingelassen wird. Die Einsamkeit rechtfertigt jede Gräueltat gegen sich selbst und wirft ihren dunklen Schleier über alles Erdenkliche. Das Selbst, das in absoluter Isolation verharren muss, verliert das letzte Element seiner Identität: seinen Wert. Denn jede Existenz, obwohl von Grund auf gerechtfertigt und unbestimmbar, wird wertlos, wenn sie sich nicht in der Verbindung zu etwas anderem, das ist, verwirklichen kann. Tritt etwas an das Selbst heran, das ihm ermöglicht, sich zu verbinden, zu erkennen, zu finden und auszuleben, gestattet ihm sein sich nun wieder realisierender Wert das Glauben und Hoffen auf was immer da noch kommen mag. Durch die Verbindung zu sich und der Welt entsteht die Hoffnung, das zu verändern, was für einen nicht akzeptierbar ist und das zu akzeptieren, was man nicht verändern kann. Es lässt einen nicht verzweifelt an der Lücke, die man zwischen der eigenen Welt und den äußeren Gegebenheiten klaffen sieht, zurück, sondern gibt einem die Erkenntnis über die eigene Wahrheit als einen Maßstab vor, auf den es zuzustreben gilt. Den Geist anweisend, nicht zu verzagen, und mit durch die Gewissheit des Gefundenseins erwachsender Kraft, schreitet man den Hürden entgegen, wissend, dass auch sie nur ein Konstrukt der eigenen Vorstellungskraft sind. So zieht man durch dieselben wüsten Gegenden, in denen man vorher noch umzukommen drohte, mit dem Vertrauen in die eigenen Waffen, die man nur hatte entdecken müssen. Das Erkennen des Guten stärkt in einem die Vision dessen, was in dessen Namen kommen muss, und das Vertrauen und die Hoffnung in selbiges gibt einem die Kraft und Voraussicht, das auszuhalten, was dagegenspricht. Das Gute, und alles, was mit ihm in Verbindung steht, ist das Erste, was es zu retten gilt, wenn man den Boden unter den Füßen verloren hat. Die Macht über seinen Geist nicht aufgeben, weil sein Erschaffenes zu überwältigend wirkt, und stattdessen an jenem festzuhalten, von dem man weiß, dass man es weiß, und so den Glauben an das zu bewahren, was am Ende gewinnen muss, bedeutet den echten und wahrhaften Sieg. Oder in den allerschönsten Worten: „Aber wenn wir den Glauben an das, was kommen muss, gerettet haben, dann zittert Sternenlicht uns Klarheit auf den Weg."[13]

18

Was bleibt?

„If you are going through hell, keep going."
(„Wenn du durch die Hölle gehst, geh weiter.")
Winston Churchill

Wurde jemandem die Grundlage seines Fundaments geraubt, was bleibt dann noch? Begann man durch jeden Boden hindurchzubrechen, auf dem man aufschlug, wo wird man am Ende landen? Wird es je ein Ende dieses Falls geben? Und würde man sich nicht an jeden anderen Ort wünschen als an dessen Ende? Ist das Schrecklichste, was einem zustoßen kann, tatsächlich der Tod? Wie viel kann ein Mensch ertragen? Wer die Antworten auf diese Fragen kennt, der weiß, wie es ist, verloren zu sein. Und wem begegnet man an diesem schrecklichen Ort? Im besten Falle sich selbst. Durchbricht ein Mensch immer wieder aufs Neue seine eigenen Erwartungen, ist er gezwungen, die Grenzen dieser immer weiter zu verschieben. So bekommt man die Möglichkeit, hinter den Vorhang des eigenen Bewusstseins zu schauen. Unumstößliche Gesetze werden hinterfragt, der Geist sieht eine Möglichkeit, tiefer in die Begebenheiten einzudringen, als er es je einen Menschen tun hat sehen. Und auf dem Grund jeder Sache erblickt man wiederum das, was einem schon an seiner Oberfläche entgegenglitzerte: das Nichts, beziehungsweise das, was sich innerhalb der Wahrnehmung nicht auffassen lässt. Ob, und inwiefern man mit diesem Nichts Frieden schließt, diktiert die Richtung des weiteren Weges. Denn die Auseinandersetzung mit jenem Nichts ist das Bewahrheiten der schlimmsten Befürchtung: dass es vor ihm kein Entkommen gibt. So scheint am Ende das wirklich Einzige, was bleibt, der Wille, und dessen Wahrhaftigkeit, zu sein, also der Grad an Bereitschaft, mit dem man sich der sich offenbarenden Wahrheit entgegenzutreten traut. Eine innere Wahrhaftigkeit, welche das Innere mit dem Äußeren verbindet und verschmelzen lässt, bis sich das eine nicht mehr von dem anderen unterscheiden lässt. Im Gegensatz zu der Suche nach der materiellen Wahrhaftigkeit ist diese bis in ihren innersten Kern unerschütterlich, eben weil sie höchst individuell ist, da sie direkt mit dem persönlichen Willen verflochten ist. Denn das Stärkste in einem Menschen ist das, welches er sich unter der völligen Ausgeschlossenheit jeglicher anderen Aspekte erbaut hat. Es sind die persönlichen Dinge, welche man im Herzen trägt. Gegen diese hält kein noch so logisch begründeter Fakt stand. Denn eine Persönlichkeit macht sich nicht durch ihre Erscheinung aus, sondern durch die Werte, welche sie hochhält, die Leiden, die sie bereit ist, zu erdulden und ihre Ziele, für welche sie bereit ist, eben diese Leiden zu durchleben. Am Ende bleibt nur der leere Raum, dessen Sinn es ist, von Bewusstsein gefüllt zu werden. Kein Fels, auf den man sich stellen könnte, kein Ziel, auf das man zuzustreben hat, nichts als eine weiße Leinwand, auf der die vorüberziehenden Leben ihre Spuren hinterlassen. Ständiger Wandel im ewigen Nichts. Die Kunst ist es, sich dieses Nichts nicht bloß anzusehen, sondern dem zu folgen, was die Freiheit ergreift, sich in ihm zu verwirklichen und sich nicht denen hinzugeben, die so protzig mit ihren Farben prahlen, denn auch diese werden ohne Bestand sein. Am Ende wird es immer darauf hinauslaufen, was jeder Einzelne mit dem ihm Gegebenen anstellt. Ohne Vorschriften, ohne Regeln und Gesetze, allein aus seinem eigenen inneren Willen heraus. Erst wenn sich die Menschen von diesem Standpunkt aus zusammenfinden, können sie wirklich Großes erreichen, weil dieses nicht mehr das Ziel ihres Verlangens sein wird. Sich in der unendlichen Dimension des Nichts zu begreifen und ihm seinen Ausdruck zu verleihen, im vollen Bewusstsein seiner Vergänglichkeit und Unwichtigkeit, und gerade darin seine Erfüllung zu erfahren, ist alles, was das Leben ausmacht. Man muss sich aufgeben, um sich zu finden. Tut man das nicht, zirkuliert die gesamte Energie wieder zurück auf den Drang der Selbsterhaltung, welcher einen allzu leicht in die Arme derer laufen lässt, die behaupten, dies gemeistert zu haben. Doch auch diese Selbsterhaltung ist lediglich eine Simulation, denn kein Sein dieser Welt war jemals dazu gemacht, erhalten zu bleiben. Was es wirklich bedeutet ist Abhängigkeit. Die Unfreiheit, die einen zur Ressource macht und den eigenständigen, individuellen Wert negiert. Sie gibt dem Gegenüber die Berechtigung, einen zu gebrauchen und bald dreht sich der gesamte Lebenssinn darum. Die innere Bereitschaft, sich für etwas Größeres aufzugeben, wird zur verzweifelten Hingabe an die Zwecke der realen Welt. Es wird zur Auszeichnung, überlebenswichtig für eine Sache oder einen anderen Menschen zu sein. Doch in Wirklichkeit reduziert dies das Individuum auf ein Ding, eine Anlage. Man wird zu einer Art Nahrungsmittel. Der einzige Grund der Förderung und Erhaltung des Seins ist die Aussicht auf die Ernte der innewohnenden Ressourcen, oder Nährstoffe. Zur rechten Zeit wird man zerkaut, verschlungen und bis auf den letzten Tropfen ausgesaugt, bis am Ende nur noch ein Haufen Scheiße übrigbleibt, welcher dann sorgfältig entsorgt oder einfach liegen gelassen wird. Am Ende der eigenen so fleißig aufgebauten Existenz sieht das Selbst sich nun dem Nichts derselben gegenüber. Und selbst dann versucht es noch, aus dieser Scheiße Gold zu machen, anstatt der Leere zu erlauben, sich als das vorzustellen, was sie wirklich ist: Nichts. Nichts, wofür man sich schämen, rechtfertigen, fürchten oder kämpfen muss, da es die einzige alles beherrschende und verbindende Konstante bedeutet. Eine Konstante deswegen, weil sie das Selbst immer allein mit sich lässt und es so auf sich zurückwirft. So viele Dinge hatte es gelernt, zu beachten, so viele Wahrheiten als die eigenen angenommen, viel zu früh verlernt, für sich selbst zu denken. Das Leben wurde einem diktiert, anstatt dass man selbst damit begonnen hat, es zu füllen. Diejenigen, die eine Machtposition gegenüber bestimmter anderer witterten, führten sich folglich als ihre Überlegenen auf, da sie selbst im Glauben aufgewachsen waren, das Leben sei etwas Diktierbares. Der

Unterdrückte sucht sich einen zu Unterdrückenden, somit schließt sich der Kreis. Einige wenige erschaffen sich eine Welt von Vorteilen, aufgrund von Vorurteilen, auf Kosten von vielen. Ist man bereit, nach den Regeln zu spielen, so lernt man, über Leichen zu gehen, damit es seinesgleichen ermöglicht wird, die subjektive Wirklichkeit dem Rest der Welt aufzuzwingen. Ein Zusammenspiel der Abhängigkeit, durch den Glauben an ein Machtsystem, das allein auf früher Einschüchterung beruht. Die Wunden, die in jungen Jahren gerissen werden, reichen tief. Sie dienen nicht nur den Zwecken ihrer Verursacher, sondern bestimmen auch die gesamte weitere Existenz ihrer Opfer. Ihren größten Schaden richten sie damit an, dass sie jene glauben lassen, sie seien welche. Denn durch diese Geistesausrichtung wird die Wunde nie heilen können. Die Art des Diktierens wird so nicht nur auf den Glauben der eigenen Existenz übernommen, sondern auch auf den eigenen Umgang mit sich und der Welt, aufgrund des Glaubens ihrer Notwendigkeit durch die Gewalt ihrer Überzeugungskraft. Eine aktive Auseinandersetzung mit diesem Machtsystem wird so im Keim erstickt, da sie unnötig und unangebracht scheint. Niemand wagt es, das Gegebene zu hinterfragen, da es scheinbar sonst keiner tut. Doch man wäre in seinem Leid, seinen Zweifeln und seiner Wut tatsächlich nicht allein, würde man sie aussprechen. Das, was die zerstörerischste Kraft innehat, ist das, worüber nicht gesprochen wird. Wie viele Menschen würden sich zusammenfinden, was würde alles seinen Schrecken verlieren, welche Motive würden aufgedeckt und welche Wirrheiten würden sich lichten, würde man sie nur in Worte fassen! Die größte Macht des Unterdrückers ist das Schweigen seiner Opfer, indem er zensiert und bestimmt, was Gesprächsthema sein darf und was nicht. Die natürliche Art der Kommunikation wird so sehr eingeschränkt und verformt, bis sie den letzten Tropfen klaren Menschenverstands versiegen lässt. So zieht diese Macht ihre Bahnen, im Unbewusstsein des Seins über sich selbst. Und sie hält das Sein in seinem Unbewusstsein, da sie es davon abhält, sich seiner bewusst zu werden. Sie behält es in den Fängen ihrer eigenen Vorstellung und nimmt ihm so jede Möglichkeit auf die Entdeckung und Aktivierung seiner eigenen Kräfte. Unoriginelle Gedanken werden verschwenderisch ausgeschüttet, über jeden, der sich dessen nicht zu wehren weiß. Vorgefertigte Gebilde werden einfach so übernommen, ohne sie zu hinterfragen, da sie legitim genug erscheinen. Dann werden auf diesem Grund der Vorstellung die nötigen Anhalts- und Bezugspunkte gefertigt und schon hat man ein System, das die Mehrheit gar nicht wollte, dem gegenüber sie sich der Widersetzung jedoch unfähig erscheint. Genau auf diesem Gedankenkonstrukt der Unfähigkeit, Minderwertigkeit und Machtlosigkeit wird in Windeseile weiter gebaut. Das System muss sich selbst zu erhalten wissen, da es seinen eigenen Wert rechtfertigen muss, weil es eigentlich gar keinen Wert und keine Daseinsberechtigung hat. Doch das Wichtigste hat es geschafft sich anzueignen: den Geist der Massen. Durch die Strategie des Gebrauchens schafft es sich treue Diener, die selbst an ihrem Ende davon ablassen, es zu kritisieren, da sie in diesem Zustand nur das an sich erleben, was ihnen ohnehin schon die ganze Zeit zugefüttert wurde: Du bist unwichtig, ersetzbar und nur zu einem ganz bestimmten Zweck hier, nämlich dem, der dir zugeordnet wird. Diktiert wird immer dasselbe in einem ewigen Kreislauf, was den Erfolg und den Untergang jedes Systems ausmacht. Denn jede Wahrheit, ob offenbart oder frei erfunden, verliert ihre Glaubwürdigkeit, je mehr sie wiederholt wird. Die Gewohnheit bringt den Menschen dazu, sich in den widrigsten Umständen niederzulassen, aber auch, gegenüber den kühnsten Behauptungen abzustumpfen. Irgendwann verlieren Horror und Glück ihren Reiz. Erkennend, dass der Geist sich nicht damit zufriedengibt, immer nur Vorgekautes zu verdauen, läuft er Gefahr, sich auf unerwünschte Weise zu erweitern. Die Erkenntnis wartet auf jenen, welcher der Vorgaben seiner Welt müde geworden ist. So erkennt einer für sich, was ihm die Rettung bedeutet. Getrieben von der Euphorie seiner Erkenntnis beginnt er, diese zu verbreiten und als Wahrheit unter die Leute zu bringen, da sein Geist sich vielleicht gewandelt haben will, aber seine Angewohnheiten immer noch die gleichen sind. So findet er womöglich Anhänger seiner Idee, die in seiner Wahrheit genug von den eigenen Sehnsüchten wiederfinden, um sie komplett als die eigene zu übernehmen. Auch sie fangen an, diese als den rettenden Weg und das absolut Erstrebenswerte anzupreisen, um sich auch in Zukunft dessen Vorteile sicher sein zu können. So greift sie um sich, die glorreiche Idee, und schafft genau das, was sie sich abgeschworen hatte: ein System der unvollständigen euphorischen Entdeckung, anstelle eines Ortes der inneren Überzeugung. Der Mensch sei sich daher lieber selbst der Nächste. Denn nur von diesem Standpunkt aus ist er in der Lage, sich seines Gegenübers wirklich anzunehmen. Erkennt er, dass er imstande ist, selbst zu denken, wächst in ihm das Vertrauen in sein Gegenüber, für dasselbe in der Lage zu sein. Lernt er, all seine Seiten zu akzeptieren und Gut und Schlecht neu zu definieren, wird er auch die vermeintlichen Fehler der anderen anders bewerten und mit ihnen umgehen. Sieht er sich nicht dazu genötigt, eine Wahrheit in eine felsenfeste Überzeugung zu gießen, sieht er davon ab, diese anderen aufzuzwingen, da sie, wie er selbst, die Freiheit hat, sich zu verändern, auszubilden und wieder zu verschwinden. Gibt er seine Besessenheit von Kontrolle auf, gewinnt er Vertrauen in das Gegebene. Erkennt er die Gründe seiner eigenen Herangehensweisen und Motivationen, so lässt dies ihn auch hinter die Motive anderer schauen und offenbart ihm somit das pure, bekannte Wesen hinter befremdlichen Verhaltensmustern. Er wird dazu gezwungen, Vertrauen in die Natur des ihm Begegnenden zu fassen, anstatt an der Fassade derselben zu scheitern. Dabei muss er lernen, die – der eigenen und fremden Materie innewohnenden – Muster als Kreise wahrzunehmen und nicht als fortlaufende Linien. Das lineare Zustreben muss nämlich nicht nur einen bestimmten Punkt aufweisen, sondern beinhaltet auch das Potenzial für Enttäuschung und Druck, da jener vermeintliche Punkt auch nicht erreicht oder verfehlt werden kann. Diese Angst davor macht den Einzelnen wiederum empfänglich für leere Erfolgsversprechungen. Doch der Wille des Lebens innerhalb von allem und jedem strebt nicht nach Perfektion, dem Erreichen eines Zieles oder konstanter Optimierung, sondern danach, wieder zu sich selbst zu gelangen. „Des Ringes Durst ist in euch; sich selber wieder zu erreichen, dazu ringt und dreht sich jeder Ring."[14] Die Antworten hat man also nicht in dem zu erwarten, was noch nicht gefunden und noch nie zuvor gedacht wurde, sondern in dem, was sich seit jeher offenbart und schon immer seine Kreise durch die Existenzen und den eigenen Geist gezogen hat. Dem Vertrauen in den Fortschritt muss jener entsagen, der es ernst meint mit seiner Teilhabe an Wahrhaftigkeit. Nicht höher hinaus in unbekannte Sphären, sondern tiefer hinein in den Kreislauf des Wissens. Nur durch die Unerschrockenheit gegenüber der Wiederkehr ist ein Mensch in der Lage, Tiefe zu erlangen, in welcher sich seine Erfüllung verbirgt, denn sie ist es, die Verbindung schafft, da die Tiefe einer Person sich immer in zwei Dimensionen auswirkt: nach innen und nach außen. Keine wahre Erkenntnis über sich selbst wäre nicht auch auf andere anzuwenden. Die – durch diese Erkenntnisse erlangte – Wiedererkennung im Gegenüber ist jene, welche es zu zelebrieren gilt, ohne dabei die feine Linie zwischen der eigenen und der Wahrheit des anderen zu überschreiten. Das Erkennen der Verbindung zwischen sich und seinem Gegenüber ist ein sensibler Tanz, bei dem es allzu leicht ist, dem anderen auf die Füße zu treten. Nie darf man sich zu sicher sein mit seiner Annahme des Wesens seines Gegenübers. Ist die eigene Existenz einem selbst solch ein großes Rätsel, wie kann man da auch nur davon träumen, jemand anderen wirklich kennen zu können? Die Bereitschaft, immer wieder von diesem überrascht zu werden, beschreibt den Respekt gegenüber dem Wesen der anderen Person. Und das Vertrauen und der Respekt vor der Selbstständigkeit der anderen Existenz bewahrt einen davor, selbst zum Diktator dieser zu werden. Dieses Vertrauen in die Selbstständigkeit des eigenen Selbst muss wiederhergestellt werden, damit man verlernt, auch sich Dinge zu diktieren, die nicht zur eigenen Person gehören. Der Glaube an die Ungebrochenheit der inneren Freiheit muss einem das Vertrauen in die Möglichkeit der eigenen Entscheidungen erhalten. Das Wissen über den eigenen unbestimmbaren Wert hat einen vor dem Bann der minderwertigen

Erlösungslügen zu schützen. Der Friede mit der Sinnlosigkeit des Sinnes selbst erhebt einen über den Strudel der endlosen Suche nach ihm. In der Zerbrochenheit der eigenen Schale spricht das Innerste zum ersten Mal klar durch die Risse der Scherben hindurch. Und es erzählt von der Sehnsucht nach Wahrhaftigkeit und dem Sein in der Sinnlosigkeit. Doch ihm gegenüber steht das Ich, welches besorgt um die Erhaltung seiner selbst ringt, da es verbraucht wurde von dem Diktator seiner Unmündigkeit. Und so stehen diese beiden sich wieder gegenüber, das Gleiche wollend, und doch in Gegensätzen ertrinkend. Das eine getrieben, das andere resigniert vom Schmerz. Und beide gebrochen durch die Trennung von sich selbst. Und doch vereint in der Realität, in der sie sich beide befinden. Entweder verzweifelt über die erzwungene Teilnahme an etwas, das ihm widerspricht, oder darüber, anhand der Erkenntnisse über diesen Widerspruch dem zu entsagen, und ihm trotzdem nicht entkommen zu können. Wenn aber keiner der beiden Wege zum Frieden führt, welche Art von Leid wählen? Hoffentlich jenes, welches die Wahrheit offenbart. Und dieses kann nur jenes sein, welchem man sich hingibt. Dessen Wahrheitsgehalt man schon erahnt und für das man sich aus der Liebe zu ihr entscheidet, obwohl es einen auf noch stürmischere Gewässer leitet als jenes, welches sich seiner Situation anzunehmen versucht. Für manche mögen Kriegsverletzungen als ein hoher Preis gelten, doch nichts als Gefangenschaft scheut der mehr, welcher sie bereits erlebt hat. So schätze sich jeder glücklich, der genug Leid erfuhr, um dessen Wert zu erkennen und folglich seine Schlachten zu wählen weiß. Jeder kämpfe um der Wahrheit willen, der einmal ihre heilende Kraft und rettende Hand verspürte. Der stehe für den ein, den er sitzen sieht, wo er einst saß. Und niemand gebe auf, nach Wahrhaftigkeit und der eigenen Tiefe zu streben. Wie? Man fange mit einer ehrlichen Konversation mit sich selbst an.

19

„Weißt du, was es so schwer macht zwischen uns?"

„Dass du mir nicht zuhören willst?"

„Dass du scheinbar immer nur zu dem bereit bist, was gerade nicht möglich ist. Ich will dir nicht zuhören, das stimmt. Deshalb lenke ich mich die meiste Zeit ab, um mich nicht mit dir beschäftigen zu müssen. Aber kommt dann einmal die seltene Gelegenheit, in der ich dir gerne eine Frage stellen möchte oder einfach nur wissen will, wie es dir geht, dann machst du sofort dicht und ich komme nicht an dich heran. Das passiert jedes Mal. Aber wenn ich mich gerade nicht mit dir beschäftigen will oder kann, gibst du keine Ruhe. Machst du das mit Absicht? Ist das irgend so ein krankes Spiel von dir?"

„Schön, dass du mir wieder mal so schmeichelhafte Unterstellungen machst. Vielleicht liegt es ja nicht nur an meiner Bereitschaft, dich mit mir auseinandersetzen zu lassen. Kann es sein, dass deine Herangehensweise auch ein Faktor in diesem Spiel ist?"

„Was denn für eine Herangehensweise?"

„Ich mag es eben nicht, wenn du mich so vor den Kopf stößt. Entweder ich werde konsequent ignoriert oder ich bekomme auf einmal all deine Aufmerksamkeit. Das hat nichts mit einem normalen Umgang zu tun. Entweder du freundest dich mit dem Gedanken an, dass ich nun mal immer da bin oder du tust gefälligst nicht so überrascht über den Punkt, dass ich mir wünsche, kein Teil von dir zu sein, wenn du mir das Gefühl gibst, es niemals sein zu dürfen. Wir beide hätten es wohl gern, wenn der andere in dieser Form nie vor ihm stehen würde. Tut er aber. Finde dich damit ab."

„Du möchtest also immer mit einbezogen werden, anstatt nur hin und wieder."

„Ich möchte, dass du mich auch dann anerkennst, wenn ich gerade nicht gefragt bin."

„Ich glaube nicht, dass ich mir das leisten kann."

„Was kannst du dir denn leisten?"

„Um ehrlich zu sein, nicht viel. Ich bin sehr darauf bedacht, uns beiden so wenig Gelegenheit wie möglich zu bieten, aufeinander loszugehen. Ich will auf keinen Fall wieder dorthin gelangen, wo wir schon einmal waren."

„Wessen Schuld war es denn, dass wir dort gelandet sind?"

„Du kannst nicht ernsthaft glauben, dass es darauf eine einfache Antwort gibt. So ziemlich alles, was wir bis dahin erlebt hatten, hatte da seine Finger mit im Spiel."

„Aber wer war es denn, der versucht hat, einfach so weiterzumachen, obwohl er genau wusste, dass das absolut keine Option war?"

„Es ist nicht so, als hätte ich eine andere Option gehabt. Ich tat lediglich mein Bestes, uns da irgendwie herauszubringen, bis du mich zu Fall gebracht hast."

„Ohne mich hättest du es also da rausgeschafft."

„Das weiß ich nicht. Ohne dich wäre ich vielleicht niemals in diese Situation gekommen, aber ohne dich würde ich wahrscheinlich gar nicht erst existieren, da du ein Teil von mir bist. Und Schuldzuweisungen bringen uns hier nicht weiter. Ich möchte nur, dass du mit mir zusammenarbeitest, damit wir uns nicht wieder anfangen zu bekriegen."

„Bekriegen möchte ich dich nicht. Aber Zusammenarbeit ist schon ein großes Wort für dich und mich. Wir können nicht einfach so vom einen Extrem ins andere wechseln. Meinst du nicht, da gehört noch irgendein Zwischenschritt dazu?"

„Schon möglich, aber ich weiß nicht, wie der aussehen sollte."

„Tja, was wir eben immer noch am besten wissen, ist, was wir nicht wollen. Aber vielleicht sind ja unsere Gesinnungen erst einmal wichtiger als die konkreten Pläne, wie wir dorthin gelangen könnten. Mir muss als Erstes klar werden, was du wirklich von mir willst."

„Ich will, dass du dich mir öffnest und aufhörst, für dich zu entscheiden, was du mir, und uns, zutrauen kannst und was nicht. Ich will, dass wir diese Entscheidungen gemeinsam treffen und uns Dingen zusammen annehmen. Hör auf, so beschützerisch zu sein, du verursachst damit letztes Endes mehr Schaden, als dass du welchen verhinderst."

„Aber wenn ich uns nicht beschütze, wer soll es denn dann tun?"

„Du sollst ja auch nicht nicht beschützen, aber halt zusammen mit mir. Wir sind beide dafür zuständig. Wenn einer von uns alleinige Sache macht, hat am Ende keiner etwas davon."

„Das mag stimmen, aber es fällt mir schwer zu glauben, dass du dazu in der Lage sein wirst, wenn es mal darauf ankommt."

„Wenn du eine absolute Absicherung willst: die gibt es nicht. Die gibt es nirgendwo. Und wenn es darauf ankommt, bist du genauso handlungsfähig oder -unfähig wie ich. Du bist ein Teil von mir, wie oft soll ich dir das noch sagen?"

„Ja, dass wir eins sein sollen, ist einer der Gründe, warum es mir so schwerfällt, dir zu vertrauen. Es ist schon so lange her, dass das einmal so etwas wie eine Selbstverständlichkeit war. Die Unfähigkeit von uns beiden hat mir gezeigt, dass ich wohl doch auf mich allein gestellt bin."

„Und schau, wohin uns das gebracht hat."

„Hast du es etwa besser gemacht?"

„Nein, das habe ich nicht."

„Vertraust du mir etwa?"

„Nein, das tu ich nicht. Es war auch für mich unerträglich, zu erfahren, dass die ganze Sache nicht so funktioniert hat wie es hätte sein sollen. Aber mir ist klar geworden, dass das nicht unsere Schuld war und ist. Wir können uns nicht für Dinge verantwortlich machen, die außerhalb unseres Einflusses liegen."

„Und was sollen wir dann mit diesen Dingen machen?"

„Keine Ahnung, was kann man mit solchen Dingen machen, außer sie anzunehmen und zu versuchen, das Beste aus ihnen zu machen?"

„Aber manche Dinge kann man eben nicht annehmen. Was macht man dann mit denen?"

„Man lässt sie das sein, was sie sind: unannehmbare, unmögliche Fragmente der Zeitgeschichte. Genauso wie wir. Zwischen uns sollte es ebenso wenig eine Lücke geben wie zwischen uns und unseren Erfahrungen. Aber da es nun mal so ist, können wir es nicht mehr leugnen, also lass uns versuchen herauszufinden, was passiert, wenn wir damit aufhören."

„Ich fürchte, es gibt einen Grund, warum man anfängt, etwas zu leugnen. Du tust so als wüsstest du, wie unsere Zukunft mit dieser Gewissheit aussehen würde. Aber die Folgen einer Gewissheit von etwas, das niemand zu erdenken, geschweige denn zu würdigen, mag, kann sich nichts und niemand vorstellen. Und die Folgen dessen sind eben diese gewissen Dinge, weswegen derer ich es für besser halte, manche Dinge niemals herauszufinden, da sie die Zukunft nur noch schlimmer machen könnten. Und das ist etwas, was sich keiner von uns leisten kann."

„Woher willst du wissen, ob wir uns das leisten könnten oder nicht? Wir haben bisher schon so einiges hinter uns gebracht, was unsere Kapazitäten um Weites überstiegen hat."

„Aber selbst das stand unter keinerlei Garantie. Wenn ich solch eine hätte, dass wir auch das Nächste überstehen würden, wäre ich sicherlich bereit dazu, mich auch dem zu stellen. Aber die Wahrheit ist, ich möchte nicht an etwas zugrunde gehen. Wenn ich schon unterzugehen habe, dann möchte ich der Grund dafür sein. Darin läge wenigstens noch ein Hauch von Würde. Ich gebe mich hin oder ich gehe kämpfend weiter. Aber besiegt werde ich nicht."

„Was hättest du denn davon, wenn du gewinnen würdest?"

„Es geht nicht ums Gewinnen, es geht ums Nicht-besiegt-werden. Ich wollte nie anfangen zu kämpfen. Aber ich wurde dazu gezwungen. So viel Macht hat man bereits über mich erlangen können. Ich werde alle Restliche in meiner Macht Stehende dazu nutzen, mich nicht kontrollieren zu lassen. Denn wenn ich keine Kontrolle mehr über mich und das Meine habe, was habe und bin ich dann noch?"

„Aber was, wenn es gar niemanden mehr gibt, gegen den du kämpfen musst? Ich glaube, die meiste Zeit kämpfst du gegen dich selbst, also gegen mich, anstatt zu erkennen, welche Gefahren es wirklich noch in deinem Leben gibt. Deine Erfahrungen haben dich in einem Szenario feststecken lassen, das dich glauben lässt, deine veralteten Taktiken und Kämpfe wären auch heute noch vonnöten. Aber du musst lernen, dich auf deine jetzige Situation einzustellen, anstatt in der Vergangenheit zu leben. Wenn du all diese Sachen versteckt hältst, wirst du nie die Möglichkeit haben, dich der Gegenwart entgegenzustellen, da du immer mit diesen Dingen beschäftigt sein wirst, weil du sie versteckt halten musst. Wir beide müssen uns ihnen stellen und zusammen daran arbeiten, sie zu überwinden. Denn diese aktuelle Überlebensstrategie wird uns niemals am Leben erhalten. Sie lässt uns höchstens dahinvegetieren. Und das ist das Letzte, was ich will."

„Da sind wir schon mal zu zweit."

„Denkst du, du könntest es irgendwie schaffen, eine neue Richtung einzuschlagen?"

„Ich wünsche es mir."

„Das ist schon mal ein Anfang. Denn alles, was ich mir wünsche, ist, an einen Ort zu gelangen, wo wir nicht ständig Gefahr laufen, wieder zurück in unsere schlimmste Zeit zu fallen. Ich möchte stabil sein, stabil genug, um mich allem und jedem, der mir noch begegnen will, entgegenstellen zu können. Ich glaube nämlich, dass wir die Ressourcen dazu bereits haben, wir glauben nur nicht an sie."

„Vielleicht würden wir ja an sie glauben, wären wir an einem Ort, an dem es uns möglich wäre, sie zu gebrauchen."

„Aber wie könnten wir jemals an solch einen Ort kommen, wenn wir nicht das verändern, wozu wir jetzt imstande sind?"

„Womöglich gar nicht."

„Dann lass es uns doch wenigstens versuchen. Was haben wir denn sonst für eine Wahl?"

„Okay, wir haben wohl lange genug auf etwas Rettendes gewartet. Wir sollten uns zusammenraufen und so tun, als säßen wir im selben Boot, vielleicht ist das ja wirklich der einzige Weg. Wenn man seine Lebzeit damit verbringt, sich Flucht- und Rettungspläne durch den Kopf gehen zu lassen, übersieht man oft den, der einen tatsächlich aus der Gefahrenzone herausführt."

„Und es ist wichtig, dass wir diesen finden. Unser Haus steht schon zu lange in Flammen und ich möchte nicht herausfinden, wie lange es das noch ertragen kann. Lass uns beide darauf vertrauen, dass es der andere gut mit uns meint und uns immer wieder daran erinnern, dass unser Hass und unser Misstrauen aus der Sorge entstanden sind, dass eben dieses Gute in Gefahr gebracht werden könnte. Wir wollen das Gleiche. Dann lass uns versuchen, es zu bekommen, selbst wenn wir dafür zusammenarbeiten müssen."

„Einverstanden."

Zitate

[1] Paul Tillich, Liebe – Macht– Gerechtigkeit, de Gruyter 1991, S.218

[2] Paul Tillich, Liebe – Macht – Gerechtigkeit, de Gruyter 1991, S.187

[3] Richard David Precht, Tiere denken, Goldmann 3. Auflage 2018, S.107

[4] Joann Peterson, When the body says No, Gabor Maté, Vermilion 2019, S.274

[5] Ram Dass, A letter to Rachel, https://www.ramdass.org/a-letter-to-rachel/, 16.02.2023

[6] Albert Schweitzer, Zwischen Wasser und Urwald, C.H.Beck 3. Auflage 2014, S.84

[7] Albert Schweitzer, Die Ehrfurcht vor dem Leben, Becksche Reihe 10. Auflage 2013, S.111

[8] Arthur Schopenhauer, Die Welt als Wille und Vorstellung 3. Auflage, Anaconda 2020, viertes Buch, Der Welt als Wille zweite Betrachtung, S.353

[9] Arthur Schopenhauer, Die Welt als Wille und Vorstellung 3. Auflage, Anaconda 2020, Vorrede zur ersten Auflage, S.13

[10] Albert Schweitzer, Straßburger Predigten, Becksche Reihe 4. Auflage 2013, S.93 Nachmittagspredigt zu St. Nicolai, 25.02.1912

[11] Albert Schweitzer, Straßburger Predigten, Becksche Reihe 4. Auflage 2013, S.100, S.101 Morgenpredigt zu St. Nicolai, 09.03.1913

[12] Albert Schweitzer, Straßburger Predigten, Becksche Reihe 4. Auflage 2013, S.134 Morgenpredigt zu St. Nicolai, 23.02.1919

[13] Albert Schweitzer, Straßburger Predigten, Becksche Reihe 4. Auflage 2013, S.112 Predigt zu St. Nicolai, 13.10.1918

[14] Friedrich Nietzsche, Also sprach Zarathustra, Holzinger 2013, Von den Tugendhaften, S.66

[15] Hermann Hesse, Demian, Suhrkamp 1974

[16] William Shakespeare, Hamlet 1604, 2. Akt Szene 2

[17] Richard Layar, Die glückliche Gesellschaft, Campus 2005

[18] Albert Schweitzer, Aus meinem Leben und Denken, Fischer 9. Auflage 2015, S. 198

[19] Erich Fromm, Wege aus einer kranken Gesellschaft, dtv 13. Auflage 2021, S. 175

HERZ FÜR AUTOREN A HEART FOR AUTHORS À L'ÉCOUTE DES AUTEURS MIA ΚΑΡΔΙΑ ΓΙΑ ΣΥΓΓΡΑ
A FÖR FÖRFATTARE UN CORAZÓN POR LOS AUTORES YAZARLARIMIZA GÖNÜL VERELIM SZÍV
PER AUTORI ET HJERTE FOR FORFATTERE EEN HART VOOR SCHRIJVERS TEMOS OS AUTOI
ZÓINKERT SERCE DLA AUTORÓW EIN HERZ FÜR AUTOREN A HEART FOR AUTHORS À L'ÉCOUT
RAÇÃO ВСЕЙ ДУШОЙ К АВТОРАМ ETT HJÄRTA FÖR FÖRFATTARE À LA ESCUCHA DE LOS AUTOR
MIA ΚΑΡΔΙΑ ΓΙΑ ΣΥΓΓΡΑΦΕΙΣ UN QUORE PER AUTORI ET HJERTE FOR FORFATTERE EEN H
ZERZÓINKERT SERCE DLA AUTORÓW EIN HERZ FÜR
RAÇÃO ВСЕЙ ДУШОЙ К АВТОРАМ ETT HJÄRTA FÖR

Die Autorin

Rosie Joy (Rj) ist eine deutsche Künstlerin. Sie
wurde 1997 in Stuttgart geboren. Noch bevor sie
lesen und schreiben konnte, begeisterte sie sich
bereits für Sprache und Schrift. Mit 19 entdeckte
sie durch Albert Schweitzer die Philosophie für
sich und begann, eigene Songtexte, Gedichte
und philosophische Texte zu verfassen, in deren
Mittelpunkt die Beziehung des Menschen zu sich
und seiner Umwelt steht. Ein Thema, das sich auch
in ihren Gemälden, Zeichnungen und Fotografien
wiederfindet. Neben der Kunst liebt sie es, Zeit in
der Natur zu verbringen und sich für Tierrechte
einzusetzen.